Two Half Faces

A SELECTION OF THE POETRY OF

MUSTAFA STITOU

Translated from the Dutch by David Colmer

PHONEME
MEDIA

DEEP
VELLUM

DALLAS, TEXAS

Phoneme Media, an imprint of Deep Vellum
3000 Commerce St., Dallas, Texas 75226
deepvellum.org · @deepvellum

Deep Vellum Publishing
3000 Commerce St., Dallas, Texas 75226
deepvellum.org · @deepvellum

Deep Vellum is a 501c3 nonprofit literary arts organization
founded in 2013 with the mission to bring
the world into conversation through literature.

This publication has been made possible with financial support from
the Dutch Foundation for Literature.

Support for this publication has been provided in part by grants from the National
Endowment for the Arts, the Texas Commission on the Arts,
the City of Dallas Office of Arts and Culture's ArtsActivate program, and the
Moody Fund for the Arts:

ISBNs: 978-1-64605-031-4 (paperback) | 978-1-64605-032-1 (ebook)

Library of Congress Cataloging in Publication information available upon request

Cover Design by Jaya Nicely
Interior Layout and Typesetting by KGT

Text set in Bembo, a typeface modeled on typefaces cut by Francesco Griffo for
Aldo Manuzio's printing of De Aetna in 1495 in Venice.

Printed in the United States of America

CONTENTS

TWO HALF FACES

Typisch

Dagen na het circus maakt
terrasjeszon in een goed
huwelijk investeren aangenaam
giechelt de bebrilde japanner
verholen vals in een camera
vol van draaiorgel, gaan uniformen
vriendelijk met een vluchteling om
die firing squad stamelt, sist
heimelijk een noordafrikaan coke,
coke, extasy, slikt als hij háár ziet
gestolen mond, onder hoofddoek
aan vaders vette navelstreng, bevriest
de tweedejaars filmacademie
hen allemaal, terwijl in het café
een gezellige én functionele vrouw,
vijfenveertig jaar, dito man zoekt
maar hij, hij staart in de Engelkerksteeg
getroffen een eigenzinnige dildo aan
tussen de borsten van een verwelkte
venezolaanse die afwisselend
geil en triest het zicht negeert waarin
twee jongens lusteloos opgewekt
tongzoenen, oma trillend vloekt
want zij krijgt nooit post,
maar vanavond bij dodenherdenking
zal ze de koningin weer zien en
de filosofiestudent zal grijnzen
om de toespraak na wéér niet
gestorven te zijn in de gracht

TYPICAL

Days after the circus sun
on sidewalk cafés makes good
on marriage as a prospect
the bespectacled Japanese tourist
giggles two-faced into a camera
full of street organ, uniforms all
smiles for a firing squad stuttering
refugee, surreptitious North African
hissing smack, coke, ecstasy,
swallowing when he sees *her*
on Father's thick umbilical cord,
stolen mouth headscarf-framed,
frozen with the rest by the second-
year film school student while in the bar
a woman, sociable and functional,
45 years young, seeks ditto man,
but he's on Amsterdam's narrowest thoroughfare
unable to take his eyes off a wayward dildo
between the breasts of a faded Venezuelan
who, sexy and sad, ignores the sight
of two energetic, indifferent boys
French-kissing, trembling granny swears
because there's never any letters,
but this evening she'll see the queen,
she never forgets Remembrance Day,
and the philosophy student will smirk
at the speech after beating the odds
yet again by not drowning in the canal
where tour boats treat tourists to

waar rondvaartboten misselijk
zoetgevooisde toeristen
beluisteren en duiven schijten
het station onder of pikken
ondankbaar zaadjes van het plein
weten zich onverschillig bewonderd
als de junk tijdens het rollen
van het volk betrapt in de tram
die zich ergert met de onschuld
van een co-assistent aan de one-liner
van de bestuurder over het huis
aan uw linkerhand waar Joop riant
wóónt in de zomer, opzettelijk
om guilders vraagt en
niets krijgt of knaken of
een sigaret van een italiaan,
net in een wc een heet schoolmeisje
gevingerd en een ander kind op avontuur
in het warenhuis hoort nu eindelijk
zijn naam, dat zijn moeder (madame
houdt in de society shop
haar zonnebril op, vanwege het montuur)
op hem wacht (waar ook weer?) en lacht
tegen nors groetende agenten
in zonnebanktint, op weg om het park
te fouilleren waar de dichter
waar de dichter
na research in rouwadvertenties
in een bankje zijn naam krast
zich bedenkt, zijn naam krast
in elke boom in de bomenrij –

mellifluous emetics and pigeons
shit all over the station or peck
seeds they take for granted from the square,
know they're admired, don't care,
like the junkie on the tram
caught with his hand in a pocket
by committed commuters whose outraged
innocence trumps the intern
chafing at the driver's one-liner about
the house on your left where J.
puts his feet up in summer, deliberately
asks for guilders, and doesn't get a thing
or bills or a cigarette from an Italian,
just fingered a red-hot schoolgirl
in a toilet and another child off
on adventures in the department store
hears his name at last and that
his mother (in the Society Shop, *madame*
does not doff her shades, the frames, you see)
is waiting (where'd they say again?) while he's
all smiles for glumly nodding officers,
sunbed-bronzed, beating their way
to a frisk in the park, where the poet,
after research in death notices,
carves his name in a bench,
reconsiders, carves his name
in every tree in the row—

Prachtige wat afgezakte kont.
Zij is zo prachtig. Zij maakt gek
                de blinde in de nacht.
Met mijn pikkie, beste mevrouw, fikkie
        steken in je kut
in je oor fluisteren
      liefde moet maatconfectie zijn
ga je dan mee. Ik maak je een winterjas een zomerjurk
                    die je precies zal passen.
Eerst jou een vuurtje vragen.

Magnificent if sagging ass.
She is so magnificent. She'd drive a blind
                    man mad at night.
A poke, dear madam, will stoke
            the fire in your cunt.
Whisper in your ear
        love should never be less than tailor-made
you coming? I'll make you a winter coat a summer frock
                            and both a perfect fit.
First ask you for a light.

Cinema

in een tijd
van verterende droogte
in een tijd
waarin een boer een automobiel
verlaten op zijn land
stro brengt uit berekening

vertrekt vader als jongetje
met zijn gedeserteerde oom
voor negen pesetas in de laadbak
van de camiona – oksels
van het metaal – naar Tetouan
het kleine Tetouan met de betrouwbare soek

in de vurig sobere moskee
bidden zij loom en zuchtend
na de klusjes in de vretende zon
zij drinken water van de waterverkoper
die triest grijnst en koelen af
in de Spaanse cinema met zonnepitten

het regende in de film
Allah el Akbar het regende
regen regen regen en ik dacht
regen viel buiten overal
verbeeldt vader spelend
met de remote control

CINEMA

in a time
of all-consuming drought
in a time
when a farmer does his sums
taking straw to a car
abandoned on his land

Father leaves as a child
with his uncle the deserter
for nine pesetas in the back
of the camiona—armpits
off the metal—going to Tétouan,
tiny Tétouan with its reliable souk

in the rigor of the mosque's austerity
they pray sluggish and sighing
after jobs in gnawing sun
drink water from the water seller
with the sad grin and cool off
in the Spanish cinema with sunflower seeds

it rained in the movie
Allah al Akbar it rained
rain rain rain and I thought
rain was falling everywhere outside
Father acts it out fidgeting
with the remote control

buiten
siddert steen
smelt wind
worden lippen snavels
komen mensen om
die hongerzomer

outside
stone trembles
wind melts
lips harden to beaks
and people die
that sun-drenched summer

De geit

toen ik werd geboren
was het feest
de geit die werd geslacht
bleek zwanger
hier noem je dat
twee vliegen in één klap

ik werd geboren
in een sober huis
tijdens het feest
kwam er een man langs
hij was zwerver
hij was bedelaar
wan een zus kreeg hij
een brood
gewikkeld in een doek
hij zei is het een jongetje
noem hem Mrizak

simpelgezegd weet ik
ik ben een mogelijkheid
ik wordt bewogen
door mijn voorstelling
van Mrizak en de anderen

THE GOAT

when I was born
there was a celebration
the goat they slaughtered
turned out to be pregnant
here they call that
two flies in one blow

I was born
in a frugal house
during the feast
a man passed by
he was a tramp
he was a beggar
a sister gave him
a loaf of bread
wrapped in cloth
if it's a boy he said
call him Mrizak

simply put I know
I am a possibility
I am moved
by imagining
Mrizak and the others

Zomaarcafé

Zomaarcafé op Rembrandtsplein:
concrete warmte, goddeloze gezelligheid

vóór elk biertje roep ik
gewoontegetrouw gewichtslooslauw
binnensmonds bismillah

ik ben de jonge Marokkaan
en zijn anderstalige gedachten

Het van vroombloed kleinerwordend
zitbeeld in mijn vader

en moeder herinnert mij
steeds marginaler aan mijn stamland:

rotshol sinds ik hier gewoon ben

Let niet tweejaarlijks in de zomer
maand van kleine betekenis

strand oranje parasollenbezaaid
en duizenden ouders

die menen dat ik onherkenbaar
een man geworden ben, waarover

ik fantaseer

JUSTABAR

Justabar on Rembrandt Square:
concrete heat, godless togetherness

with each new round I mumble
true to custom, head of froth
into my beer bismillah

I am the young Moroccan
and his foreign-speaking thinking

The threadbare banner
of holiness in my father

and mother reminds me more
and more marginally of my birthland:

rock shelter since I'm normal here

But still biannually in summer
month of little meaning

beach sown with orange umbrellas
and thousands of parents

who wouldn't have known
the man I've now become, about whom

I fantasize

Mijn gedichten

Ik. Ik kom met de nachtschuit u melden

Wie u hier aanspreekt
is niet wie dit opschrijft
wie dit opschrijft
niet wie is.

Is wie is hier afwezig
aanwezig mijn adem, hier God?
Is mijn lichaan Zijn lot?

I, I've come on the night boat to tell you

The one who is addressing you here
is not the one who is writing this
the one who is writing this
not the one who is.

Is the one who is here absent
present my breath, here God?
Is my body His fate?

Kijk
U ziet woorden

Kijk
U ziet woorden

Daar boven
De rand van het papier

Een vertrouwde wand
Het plafond

In het park
De hemel

En dáárboven?

Boven de hemel?
Boven het plafond?

Uw voorhoofd!

Uw voorhoofd.

Look
You see words

Look
You see words

Above them
The edge of the page

A familiar wall
The ceiling

In the park
The sky

And above that?

Above the sky?
Above the ceiling?

Your forehead!

Your forehead.

Op een schoteltje schittert honing
met water verdund

verbazzingwekkend keurig eromheen
een kettinkje aaneengeregen mieren,

hun kopjes in de zoete
zonovergoten zee

−Verzuipen zich de dolzinnigen,
die met mate drinken heffen

hun kopjes weer op, knikken
Moeder instemmend toe

en verlaten vroom het huis

Sparkling on a saucer, honey
diluted with water

around it an astonishingly neat
necklace of threaded ants,

heads dipped in the sweet
sun-drenched sea

—The reckless drown,
those who drink in moderation

raise their heads, nod
approvingly to Mother

and devoutly leave the house

Mismaakt is de krab:
uit ijdelheid zichzelf geschapen.

Een stam wast zich met melk:
zo ontstaan dan apen.

Een granaatappel bestaat
uit gestolde tranen

van de profeet.
De geloofsbelijdenis,

er zijn foto's van, staat geschreven
in een bladerdak.

En Armstrong
(maar niemand mocht het weten van Amerika)

hoorde een muezzin
op de maan.

Misshapen is the crab:
so vain it created itself.

A tribe washes in milk:
the origin of apes.

A pomegranate consists of
congealed tears

shed by the prophet.
The profession of faith,

there are photos to prove it,
was written in the leaves of a tree.

And Armstrong
(though America won't let anyone know)

heard a muezzin
on the moon.

Koppig

– En, wat zien we?
– Een konijn natuurlijk!
– Een konijn. En?
– En? Ik zie een konijn.
– En tegelijkertijd een . . . ?
– Konijn zeg ik toch!
– Eend.
– Eend?
– Oren snavel zie je wel?
– Ik zie alleen een konijn.
– En een eend.
– Een konijn!
– Eend!
– Konijn!
Konijn konijn konijn!

HEADSTRONG

– So, what do we see?
– A rabbit of course!
– A rabbit. And?
– And? I see a rabbit.
– And also a . . . ?
– I told you a rabbit!
– Duck.
– Duck?
– Ears bill see?
– I only see a rabbit.
– And a duck.
– A rabbit!
– Duck!
– Rabbit!
Rabbit rabbit rabbit!

Varkensroze ansichten

Het zingen vergaat je

I

De intrigerende grotschilderingen liet ik voor wat ze zijn,
intrigerende grotschilderingen, en ik installeerde mij
met de krant van gisteren op het lege terrasje
voor het hotelletje. Bestelde een café noir. De eigenares,
opvallend onvriendelijk. Vermoedelijk
stond mijn huidskleur haar niet aan en mijn naam,
die ik bij het inchecken te kennen gaf,
heeft ongetwijfeld de doorslag gegeven. Mustafa.
En dan te bedenken dat we stuk voor stuk afstammelingen zijn van
een en hetzelfde kliekje dat 170 000 jaar geleden in Afrika leefde,
                                                            Afrika.
Goddank is klant koning, ook in de Ardèche.

Predikte over de noodzaak van een nationale identiteit, de krant
van gisteren, cement van de samenleving, een briesje liefkoosde
                                    mijn huid,
een drietal mannen verscheen
(met tassen uitpuilend van onduidelijk gereedschap)
nam druk pratend en gebarend plaats aan een tafeltje
links van mij. Quelle vitalité! Hartelijk
groette ze de mannen, de eigenares, bracht ze
wijn en glazen.

THE SONG DIES IN YOUR THROAT

I

I left the intriguing cave paintings
to intrigue another day and installed myself
on the small hotel's deserted terrace
with yesterday's newspaper. Ordered a café noir. The owner—
conspicuously unfriendly. Presumably she didn't like
the color of my skin and my name,
given while checking in,
must have settled things for good. Mustafa.
And to think that we, each and every one, are all descendants
of the same little band that lived 170,000 years ago in Africa,
                                            in Africa.
Thank God the customer is always right, even in the Ardèche.

It was preaching the necessity of national identity, yesterday's
      newspaper,
the glue that holds society together, a breeze caressed my skin,
three men appeared
(bags bulging with obscure equipment),
chattering and gesticulating as they sat down at a table
on my left. Quelle vitalité! Warmly
she greeted the men, that same owner, quickly fetching
wine and glasses.

2

Terwijl een briesje mijn huid liefkoosde
luisterde ik met ze mee, en
om een lang verhaal kort te maken:
drie speleologen; de ontdekking van een grot
die meer schilderingen bevat dan alle
hier ontdekte grotschilderingen bij elkaar!

De eigenares bracht mij een café au lait
en ik protesteerde, om haar het bloed dieper
onder de nagels vandaan te halen, in het Engels,
fittest lingua franca. Gentlemanlike
waarschuwde ik haar voor darmgassen:
met lactose weet mijn dna zich geen raad.

2

While a breeze caressed my skin
I listened in on their conversation
and to cut a long story short:
three speleologists; the discovery of a cave
containing more paintings than all other
cave paintings discovered here put together!

The owner brought me a café au lait
and, to get under her skin even more,
I objected in English, the fittest of all
lingua francas. Like a true gentleman
I warned her of the risk of flatulence:
my DNA can't cope with lactose.

3

Ik luisterde mee met de holenonderzoekers,
een briesje liefkoosde mijn huid,
de eigenares bracht mij een café noir,
met klem mij niet-aankijkend, tijd
verstreek, briesjes
kietelden mijn huid, de ene
na de andere café noir
offerde ik aan Bacchus
en ik luisterde mee en werd gewaar
hoe langzaamaan het vuur verdween
van de ontdekking, hoe het vuur
aan het speleologentafeltje
een dovend kooltje werd.

3

I listened in on the cave explorers,
a breeze caressed my skin,
the owner brought me a café noir,
emphatically avoiding my gaze, time
passed, breezes
tickled my skin, I
offered up one café noir
after the other to Bacchus
and listened in and became aware
that the fire was gradually disappearing
from their discovery, the fire
at the speleologists' table
was turning to embers.

4

De wetenschappers zwegen,
dronken niet langer wijn,
hun gezichten verstarden.
Alsof ieder afzonderlijk zich terugtrok,
zich wapende.

Aanvankelijk ontglipte mij de aard van deze kentering,
begreep ik niet waarom het verbond werd opgeheven
en nog begrijp ik niet waarom ik het volgende moment
het zwijgen doorzag.
Ik weet niet hoe het openbare zich openbaart.

(Getuige was ik,
vermoed ik achteraf,
van een historische gebeurtenis
van de hoogste orde maar door onze soort
een plaats in onze geschiedenis ontzegd.)

De speleologen, gekweld vroegen ze zich af:
naar wie van ons wordt de grot vernoemd?

4

The scientists were silent,
no longer drinking wine,
their faces rigid.
As if each was withdrawing into himself,
arming himself.

At first the nature of this change escaped me,
I couldn't understand why their alliance had been suspended
and neither did I understand why only moments later
I saw through that silence.
I don't know how revelation reveals itself.

(I had witnessed,
I believe in hindsight,
a historic event
of the highest order, but one our species
denies its place in history.)

The speleologists, anguished, were asking themselves,
Which of us will the cave be named after?

Feest

Wanneer het smoorheet is zegt men hier:
god heeft de poorten van de hel geopend.

Een zwerm pentagrammen was neergestreken
op de stad. Aan palmen en defecte lantaarnpalen
hingen ze, roerloos. Reusachtige exemplaren
bedekten vervallen gevels (van het station
bijvoorbeeld en het ziekenhuis). De weg naar
het paleis was schoongeveegd zojuist
en bedelaars waren verjaagd tot buiten
het uitzicht vanuit de paleisramen.

Een nationale feestdag.
Ter gelegenheid waarvan?
Niemand die het weet.

Ik bevond mij in het centrum, in een overheidsgebouw,
om de bevestiging verklaring vernietiging geboorteakte,
die ik jaren geleden had aangevraagd en vandaag
was gearriveerd vanuit het belendende overheidsgebouw
– om de bevestiging te bevestigen en te vernietigen,
gelijktijdig met mijn geboorteakte.

In de wachtkamer bezweek de een na de
ander aan de hitte: de ramen waren gesloten,
fungeerden als klemmen voor de stroken
in de kleuren van de nationale vlag die vanaf het dak
van het gebouw omlaag hingen, roerloos.

HOLIDAY

When it's sweltering here, people say,
god has opened the gates of hell.

A swarm of pentagrams had descended
on the city. From palms and broken streetlights
they hung, motionless. Giant specimens
covered dilapidated facades (the railway station,
for instance, and the hospital). The road
to the palace had been swept clean,
the beggars driven out of sight
of the palace windows.

A national holiday.
Celebrating what?
Nobody knew.

I was in a government building in the center of town
for the confirmation of a declaration of annulment of a birth
        certificate,
which I had applied for years earlier and which
had arrived today from the adjoining government building,
to confirm the confirmation and destroy it,
along with my birth certificate.

In the waiting room one person after the other
succumbed to the heat: the windows were shut
to serve as clips securing the strips of fabric
in the colors of the national flag that were hanging
motionless from the roof of the building.

De ambtenaar ontving mij met het gebruikelijke
mengsel van verveling en hooghartigheid,
maar het deed me niets, ik voelde me geen seconde
vernederd, onderworpen aan zijn willekeur,
stopte hem van harte een bonus toe
voor de grote moeite die hij zich troostte
zijn werk te doen en meteen haalde
de ambtenaar de schaar tevoorschijn
die hij nergens kon vinden.

Na afloop bedankte ik hem met
de gebruikelijke hartelijke nederigheid
terwijl ik achteruit het kamertje uit liep.
Ik draaide mij om
en holde de treden af.
Ongeboren.

Buitengekomen vertraagde ik, al bestond ik niet,
noodgedwongen mijn pas: vier generaties onderdanen
overspoelden de straten, achter dranghekken die langs
de weg waren gezet dromden ze samen, opgewonden
fluisterend.

Hoewel het nog maar de vraag was
of Hij überhaupt zou verschijnen
en niet in een van de andere paleissteden
(waar dezelfde voorbereidingen getroffen waren)
het feest ging vieren, zagen talrijke agenten
erop toe dat zou Hij komen de menigte
uitzinnig van vreugde zou zijn, Hem
zou verwelkomen zoals mensen zouden doen
met hun god.

The official received me with the customary
mix of boredom and haughtiness,
but I brushed it off, not for a second
did I feel humiliated at being subjected to his whims,
I gladly slipped him a bonus
for the great trouble I was putting him to
by asking him to do his job and
immediately he pulled out the scissors
he hadn't been able to find anywhere.

Afterward I thanked him with
the customary heartfelt humility
while backing out of his office.
I turned
and ran down the stairs.
Unborn.

Outside, despite not existing, I was obliged
to slow down: the streets were lined
with barriers behind which four generations
of subjects thronged together,
whispering excitedly.

Although it was most doubtful
He would appear at all
and wasn't celebrating the holiday
in one of the other royal cities
(where the same preparations had been carried out),
large numbers of officers were out to ensure
that should He come, the crowd
would be delirious with joy and
welcome Him the way people would
their god.

Mysterie

I

Een afgebrokkeld muurtje centraal op het plein
dateert volgens de slachters uit de achtste eeuw;
op de plaats van het muurtje brachten de eerste bekeerlingen
ter gelegenheid van het slachtfeest hun eerste correcte offer.

De prachtige slachtzaal (Jugendstil-elementen) is door een rijke
Franse familie gebouwd aan het begin van de twintigste eeuw;
het slachthuis bevond zich toen net buiten het administratieve
   centrum.
Sinds het vertrek van de oude kolonisator zo'n vijftig jaar geleden
is er veel gebeurd, het centrum is enorm uitgedijd,
de stadsbevolking verzoveelvoudigd
maar het slachthuis staat er nog steeds.

Een stadsbestuur met een beetje visie zou het prachtige
slachthuis kunnen verbouwen (de kleine ruïne blijft intact)
en vervolgens omdopen tot museum bijvoorbeeld,
zodat tenminste een deel van de door Amerikaanse
archeologen opgediepte voorwerpen niet hoeft verscheept
maar híer een mooi heenkomen vindt.

MYSTERY

I

A small crumbling wall in the middle of the square
dates from the eighth century, according to the slaughterers;
on the site of this wall the first converts celebrated
the feast of sacrifice with their first proper offering.

The magnificent killing room (art nouveau elements) was built
by a rich French family at the turn of the twentieth century;
the slaughterhouse was just outside the administrative center.
Since the departure of the former colonizer some fifty years ago
much has happened, the center has expanded enormously,
the population has exploded,
but the slaughterhouse is still there.

A town council with a modicum of vision would renovate
this magnificent slaughterhouse (leaving the ruin untouched)
and reinvent it as a museum or something similar,
so that at least some of the objects unearthed
by American archaeologists could escape export—
finding an attractive destination here instead.

2

Een museum zou een hele vooruitgang betekenen want
het zijn macabere taferelen, de getraliede roestbakken beladen
met nietsvermoedend rein vee, langs kruideniers en internetcafés
knetterend naar het slachthuis onderweg.

Op sommige dagen als een stolp op het centrum
de weeë geur van bloed. Het desperate geloei
van een koe die ineens lijkt te begrijpen wat haar
te wachten staat. Wilde honden
zwervend door de winkelstraten.

Een slachter in bloedbesmeurde witte jas en
bloedbesmeurde lieslaarzen, puffend maar ongenaakbaar
langs zwijgend winkelend publiek een kruiwagen voor zich uit
duwend, volgeladen met ingewanden –
geenszins bevorderlijk voor massatoerisme,
waar deze streek het toch echt van zal moeten hebben
wil het hier ooit wat worden.

Werkelijk, een mysterie dat er niet wordt ingegrepen.
Je zou haast gaan geloven dat het bestuur behekst is
en elke nieuwe generatie opnieuw in de ban raakt
van een geheiligd muurtje, een ruïne van niks.

2

A museum would be a tremendous improvement because
the scenes are macabre: barred rattletraps full
of unsuspecting clean animals sputtering past cafés
and grocery stores on their way to the slaughterhouse.

Hot days with the sickly smell of blood hanging
over the town like a bell jar. The desperate
bellowing of cows that suddenly seem
to have grasped their fate. Feral dogs
wandering the shopping streets.

A slaughterer in a blood-smeared coat and
blood-smeared waders, panting but imperious,
passing silent shoppers, pushing a wheelbarrow
stacked with innards—
not at all conducive to mass tourism,
which really is this region's only hope
of ever amounting to anything.

Truly, it's a mystery that steps are never taken.
You'd almost think the council is bewitched
and every new generation falls anew under the spell
of a small consecrated wall, a ruin of no account.

Summum bonum

Dronken pubers leggen 's nachts
in een uithoek van het universum
een nagebootst prehistorisch dorpje in de as.

Tropische temperaturen. De meubelboulevard,
uitgestorven. Wie naar de kust is gevlucht
noch naar een themapark, legt overdag

in zijn achtertuin zijn wapens af
en gaat liggen, languit en onbevreesd.
De kille huistiran in zwembroek ontdooit,

slaat de tweeling gade, niet langer geërgerd,
verbijsterd door hun gelijkenis, ontspant
diepzuchtend zijn droomspier, sluit verstrooid

zijn ogen. De linkertweeling, de rechtertweeling,
naakt naar insecten in struiken op jacht, verbeten
kreetjes van verbazing, onverstoorbaar.

Andere tuinen brengen een soevereine schaterlach,
kleuterpop, hondengeblaf, een radiostem die zegt
'dat de verdachte heeft gezegd

dat hij zijn vader met een kruisboog een ballpoint
in het oog heeft geschoten'. Goedlachs komt moeder
in bikini uit de keuken, haar zenuwen zonder hulp

SUMMUM BONUM

At night, in a remote corner of the universe,
drunk adolescents reduce a reconstruction
of a prehistoric village to ash.

Soaring temperatures. The furniture emporiums,
deserted. Those who have not fled, neither
to the coast nor a theme park, lay aside

their weapons in the daytime in their backyards
and lie down, prone yet fearless. The cold
domestic tyrant thaws in his swimming trunks,

observes the twins—no longer annoyed,
astonished by their similarity, sighing, letting
his dream muscle relax, absent-mindedly

closing his eyes. The left twin, the right twin,
naked, hunting insects in the shrubs, suppressing
cries of astonishment, all concentration.

Other gardens bring roars of sovereign laughter,
preschool pop, dogs barking, a radio voice that says,
"The suspect has admitted

shooting a ballpoint pen into his father's eye
with a crossbow." With a smile at the ready,
Mom emerges in a bikini, her nerves under control

de baas vandaag, een roerloos dienblad met twee glazen ijsthee
en twee groene limonade op één vlakke hand. Zich verheugend
op de herinneringen alvast, schrikt ze haar wederhelft

met de zachtste mondkus wakker – en vader vuilbekt niet
ditmaal maar richt zich glunderend uit zijn ligstoel op,
fluistert 'moet je eens horen' in moeders oor,

verdwijnt de wijd openstaande vesting in.

Laat het lot maar jojoën, wisselvalligheden komen en gaan,
vandaag zijn zij nergens bang voor, de thuisblijvers,
vredestichters, blijmoedige karikaturen – hoor,

uit de hobbykamer van de huistiran klinkt
het geluid op van een kabbelend beekje.

today unaided, a motionless tray with two glasses of iced tea
and two of green squash on one flat hand. Already looking
forward to the memories, she startles her hubby

awake with the lightest kiss on his lips—and this time
Dad doesn't swear but rises beaming from his deck chair,
whispers "you've got to hear this" in Mom's ear,

disappears into the wide-open fortress.

Let fate yo-yo, adversities come and go,
today they're not afraid of anything, the stay-at-homes,
the peacemakers, the cheerful caricatures—listen,

from the domestic tyrant's hobby room comes
the sound of a babbling brook.

Flirt

Ik maak, sinds een maand, deel uit van amateurtheatervereniging Varkens. Ik speel een engel. Tekst heb ik niet of nauwelijks, maar het is een cruciale rol is mij verzekerd: ik ben de engel (vuur) die niet knielen wil voor Adam (aarde). Ik draag een zwarte maillot waaraan een zwart hemdje is vastgenaaid, waaraan twee zwarte vleugels zijn bevestigd, gemaakt van een ondefinieerbare stof – het doet er niet toe. Toen ik voor de staande spiegel in mijn slaapkamer het pak aan het passen was, overenthousiast, brak een van de vleugels af.

Hedenochtend heb ik het opgehaald, het gerepareerde engelenpak (bij een kleermaker in de Tijl Uilenspiegelstraat, tussen snackbar Nefertiti en de Schoenenreus). Het onzichtbare belletje rinkelde, uit de achterkamer kwam bedeesd een gehoofddoekte deerne geschoven.

Goede . . . middag . . . morgen? Middag? zei ik, nieuwsgierig naar haar stem. Ze knikte naar een wandklok hoog achter mij. Morgen, zei ze, iets stout. Ik overhandigde haar het bonnetje. We keken elkaar aan, een seconde. Ze glimlachte, ik – 't klikte! Onbevreesd voor onze ogen. Lichamen. Triomf!

Aan een rek zag ik het engelenpak hangen, naast de deuropening die naar de achterkamer leidt; de deur was eruit getild, er hing een gordijn van doforanje plastic kralen. Ik wees ernaar, ze maakte aanstalten erheen te schuiven – de overweldigende aanvechting haar te vergezellen, gearmd! toen de kleermaker opdoemde, in de deuropening, de doforanje kralensnoeren gedrapeerd over zijn verschijning.

FLIRTATION

I have, for a month now, been a member of the Hogs amateur theatrical society. I play an angel. It's not a speaking part, or hardly, but they assure me the role is crucial: I am the angel (fire) who refuses to kneel before Adam (earth). I wear black tights that have been sewn onto a black top to which two black wings have been attached, made of a nonspecified fabric—doesn't matter what. When I was standing in front of the full-length mirror in my bedroom trying the costume on for size, overenthusiastically as it turned out, one of the wings broke off.

This morning I picked it up, the mended angel costume (from a tailor's on Eulenspiegel Street, between the Nefertiti Snack Bar and the Shoe Giant). The invisible bell tinkled and a headscarf-wearing girl slid shyly out of the back room.

Good . . . after . . . morning? Afternoon? I said, curious to hear her voice. She nodded at a clock high on the wall behind me. Morning, she said, with a hint of mischief in her voice. I handed her the ticket. We looked at each other, one second. She smiled, I—we clicked! Unafraid of our eyes. Bodies. Triumph!

I saw the angel suit on a rack next to the doorway that led to the back room; the door had been removed, replaced with a curtain of orange plastic beads. I pointed, she was about to slide over to it—the overwhelming urge to accompany her, arm in arm!—when the tailor loomed in the doorway, an apparition draped with strings of orange beads.

Als een afgod. Wonderlijke afgod. Ik zag dat hij mij opnam. Met een mengeling van minachting en teleurstelling woog hij mij. Paniek ja! Geleidelijk raakte ik in paniek. Het meisje haalde het engelenpak van de kleerhanger, keerde ermee terug en vlijde het neer op de toonbank. Met neergeslagen ogen ja! Trefzeker alsof ze het vaker deed, vouwde ze het op, de vleugels als mouwen naar binnen, en schoof het pak in een grote Blokkertas. Maken dat ik wegkom! Bruusk greep ik de tas, op het punt op de vlucht te slaan – maar het was te laat. De afgod stond al achter mij, legde zijn hand op mijn schouder, wenkte naar een bord hoog boven het meisje, en toen zag ik het, roodomzoomd, het bord: *Verboden met mijn dochter te flirten.*

Like an idol. A strange idol. I saw him taking me in. Appraising me with a mixture of contempt and disappointment. Panic! I gradually began to panic. The girl took the angel suit off the hanger, came back, and laid it out on the counter. With eyes averted! Confidently, as if it was something she did often, she folded the costume up, wings on the inside like sleeves, and slid it into a large plastic bag. Time to make my escape! I snatched the bag, ready to flee—but it was too late. The idol was already behind me. He laid a hand on my shoulder and gestured at a sign high above the girl and then I saw it, white with a red border, the sign: *Flirting with my daughter strictly prohibited.*

Voorvaderen, onderburen

Sommige voorvaderen, weten we, hebben God gedroomd
en daaruit is voortgekomen onze wereld van eindige dingen.
Zij waren het die ooit een kind offerden aan iets almachtigs
en onzichtbaars.
We weten ook dat sommige honden –
dat sommige mensen gaan lijken op hun huisdier
na verloop van tijd. Soms
een grotesk gezicht, meestal blijft het onopgemerkt.
Mijn onderburen, een kinderloos stel toevallig, nemen
mijn boodschappen altijd aan en vragen mij fluisterend
of zij mij niet tot last zijn en soms ergens mee kunnen

helpen.
Andere voorvaderen wisten zich met de dood geen raad
en met geboorte evenmin, zij zagen in een pasgeboren kind
een gestorven voorvader. En het verwarde geloof dat
zij stichtten spookt sindsdien door onze genen;
mijn onderburen hebben mij toevertrouwd te zullen en willen
reïncarneren in een diersoort met zachte zeden, in bijen.

FOREFATHERS, DOWNSTAIRS NEIGHBORS

Some forefathers, we know, dreamed God
and from their dream our world of finite things emerged.
They were the ones who sacrificed a child
to something almighty and invisible.
We also know that some dogs—
that with the passage of time, some people
come to resemble their pet. Occasionally
a source of hilarity, this mostly goes unnoticed.
My downstairs neighbors, by chance a childless couple,
always help me with my groceries, and ask in a whisper
if they're not bothering me and if there's anything
                              they can do for me.
Other forefathers were at a loss when it came to death
and birth alike, in a newborn child
they saw a dead forefather. And the confused faith
they founded has haunted our genes ever since;
my downstairs neighbors have confided in me that they will
and shall reincarnate as a mild-mannered species, as bees.

Zijn partner lijdt niet aan dementie:
hij heeft geen partner.
Wel zou hij meer informatie willen hebben
over geen enkel onderwerp.

Hij komt door schulden te maken rond.
Bezuinigt op lidmaatschappen en reparaties.
Hij is dagschuw maar gezond
én kritisch: de hulpbiedende personen noemt hij:
onwezenlijk.
De warme maaltijden:
onwezenlijk.

Overdag gedenkt hij staande zittende
op zijn rug zijn buik zijn zij liggende
vadertje afgrond; bedroefd om wat hem
ontkomen is zakt hij in slaap. Na zonsondergang
wandelt hij, deuntjes worden hem ingefluisterd,
door 't gebruiksgroen dat ons omsluit.

Gezichtje vier komt schatten wij aardig overeen.
Net geen slachtoffer van zijn pogingen.
Zesje voor zelfredzaamheid.

Adviseren doen wij daarom:
1) meer doorgankelijkheid
2) de nacht niet afschaffen
3) de pedicure aan huis evenmin.

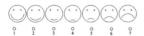

His partner is not suffering from dementia:
he does not have a partner.
He would like some more information
about none of these topics.

He goes into debt to make ends meet.
Cutting back on subscriptions and repairs.
He is afraid of daylight but healthy
and critical: he calls the caregiving staff:
bizarre.
The warm meals:
bizarre.

Standing sitting lying on his back his stomach
his side in the daytime he remembers
old father abyss; saddened by what has
escaped him he falls asleep. After sunset
he walks, picking up whispered tunes
from the greenery that surrounds us.

We consider Face Number 4 a reasonable approximation.
Just this side of being a victim of his own attempts:
a C– for independence.

We therefore advise:
1) increased accessibility
2) do not cancel night
3) ditto the pedicurist house calls.

Een halve (Regen) en een hele (Zweden) readymade
en een Nawoord

I − *Regen*

Op hun rug terechtgekomen schapen
(door jeuk aan zijn achterstel
verwentelt een schaap;
het dier probeert zich te schuren
likken krabben valt om)
op hun rug terechtgekomen schapen
komen soms nooit meer overeind.

Worden schapen door de mens niet verlost
(een weer op zijn poten gezet verwenteld
schaap kan direct weer omvallen:
rol daarom het dier op de ene,
en na enkele minuten op de andere
zijde,
over de buik)

worden schapen door de mens niet verlost
zijn ze ten dode opgeschreven.
Soms treedt de dood al na een uur in,
soms na een halve dag.

Bij regen,
regen,
bij regen
ziet men dit niet vaak.

ONE HALF (RAIN) AND ONE WHOLE (SWEDEN) READYMADE PLUS AN EPILOGUE

1—Rain

Sheep stuck on their backs
(itchy hindquarters can
cause a sheep to flip;
the animal tries to rub lick scratch
itself and falls over)
sheep stuck on their backs
sometimes never get up again.

If unsaved by human intervention
(a sheep that has been righted
can fall over again immediately afterward:
first roll the sheep onto one side,
then, several minutes later,
onto the other side,
over the belly)

if unsaved by human intervention
these sheep are doomed to die.
Sometimes death occurs in just an hour,
sometimes after half a day.

In the rain,
rain,
in the rain,
this is seldom observed.

Mogelijk dat de regen op
de buik van het schaap
het díer prikkelt.

2 – *Zweden*

Een Zweedse man is doodgevroren,
nadat hij in z'n blootje
op een sneeuwscooter was gevlucht
voor brand in zijn blokhut.

3 – *Nawoord*

Een man die op sterven lag vertelde me:
Er komt uiteraard een dag waarop de doodsengel
bij wijze van spreken geen werk meer heeft.
Dan zal hij de hand aan zich zelf moeten slaan.
Dat is – er is geen – de dood van de dood is

Perhaps because rain
on the sheep's belly
rouses the animal.

2—Sweden

In Sweden a man froze to death
after fleeing nude
on his snowmobile
to escape a fire in his log cabin.

3—Epilogue

A man on his deathbed told me:
Of course a day will come when, figuratively,
the angel of death is out of a job.
He'll have to do away with himself.
I mean—there is no—the death of death is

krksh
  krksh
krkshkrksh
krksh
(Ooien, ooien komen jullie?)

(Geiten, geiten komen jullie?)
gtshgtsh
gtshgtshgtshgtsh
  gtsh
gtshgtshgtshgtsh

(Kom je, koe?) haash
haashhaash
haash
hash

(Poes) bshbsh
  bshbsh
bsh
bshbshbsh

(Verlangde ze van de hond
laat los loop weg
snerpte ze)
è-dèb!
  è-dèb-èdèb!
è-dèb!

MOTHER TONGUE

crksh
  crksh
crkshcrksh
crksh
(Ewes, ewes, are you coming?)

(Goats, goats, are you coming?)
khtch khtch
khtch khtch khtch khtch
  khtch
khtch khtch khtch khtch

(You coming, cow?) haaash
haaashhaaash
haaash
haaash

(Cat) bshbsh
  bshbsh
bsh
bshbshbsh

(If she wanted the dog
to drop it get lost
she shrieked)
eh-dep!
  eh-dep-ehdep!
eh-dep!

Eens kreeg ik dit visioen: in een spelonk
eeuwen voor Christus pijpt
lijdzaam een tempelprostituee
een hogepriester, ogen fonkelend in het donker.

Vanavond keek ik naar een darwinistische documentaire
op Discovery Channel en hoorde een huichelachtige zin.

In een andere tempel is een andere tekst gevonden.
Zes wetgevers zijn reeds geslacht.
De hogepriester weet dat ook hij zal worden
geslacht: op de verkeerde god gegokt, op een god
zonder lichaam.

De dood, luidde de zin,
is de prijs die wordt betaald
voor het hebben van seks.

A vision once came to me: in a cavern
centuries before Christ a temple prostitute
patiently sucks off a high priest,
eyes sparkling in the darkness.

Tonight I watched a Darwinist documentary
on Discovery Channel and heard a sanctimonious sentence.

In another temple another text has been found.
Six lawgivers have already been slaughtered.
The high priest knows that he too will be
slaughtered: he bet on the wrong god, a god
without a body.

Death, so went the sentence,
is the price we pay
for sex.

Anton

Links een tenger en goudblond godinnetje,
keurde me geen blik waardig.
Maar het deed me niets: sinds elf september
ligt een Arabier nu eenmaal slecht
       in de markt. Rechts
een stelletje; zij, reuzin, pokdalige kop,
paarsfluwelen avondjurk, ik vond het
wel wat hebben. Dus toen haar vriend even verdween
raakten we in gesprek; ze werkte, vertelde ze,
voor een castingbureau; die middag had ze,
voor een nieuwe Nederlandse dramaserie,
       NSB'ers gecast.
Ach, mijn joodse verloofde en ik,
zienderogen worden we ouder en dikker samen,
scheppen steeds meer behagen in eten
en slapen. Toen haar vriend weer opdook
kuste hij haar blote schouder en keek mij
ondertussen strak aan. De slanke blondine
links van mij, zag ik nu, had op de achterkant van haar nek,
over de volle breedte, een tatoeage:
       Anton
stond er,
in schoonschrift, tussen
twee hartjes in.

ANTON

Left, a slender golden-haired goddess—
she didn't deign to notice me.
I let it go; since 9/11
there hasn't been much call
                    for Arabs. Right,
a couple. Her: outsized, pockmarked face,
a purple velvet evening dress—it had a certain
charm. So when the boyfriend went off somewhere
we got to talking; she worked, she said,
in casting; she'd spent the afternoon
on a new Dutch miniseries,
                    casting local Nazis.
Ah, my Jewish fiancée and me,
you can see us growing older and fatter together,
delighting more and more in eating and
in sleeping. When the boyfriend came back
he kissed her naked shoulder while staring hard
at me. The slim blonde on my left,
as I now noticed, had a tattoo
right across the back of her neck:
                    Anton
it said,
in calligraphy,
between two hearts.

Anton was the first name of the leader of the Dutch National Socialist
Movement (A.A. Mussert, 1894–1946)

Een koopje, het rotspartijtje
in het tuintje rijzend
boven het bruine
vijvertje

opgetrokken
uit brokjes
Berlijnse
muur.

A bargain, the rockery
in the garden
rising up above
the brown
pond

constructed
from chunks
of Berlin
Wall.

Weefsel

Hier voeren we ze dronken.
Hier houden we ze
uit hun slaap, voorgoed.
Hier –

de tweederde mensjes
moeten hun ogen –

wij weetgierigen willen weten,
voor úw bestwil weten wanneer
uit hun ogen poten ontstaan.

Geen kwestie van kennis om de kennis hun vleugels
mogen ze houden.

TISSUE

Here we get them drunk.
Here we keep them
awake, for good.
Here—

the two-third humans
have to keep their eyes—

we scientists want to know,
for your benefit, when exactly
their eyes turn into limbs.

No question of knowledge for its own sake they can keep
their wings.

Anekdoten, openbaringen

Vlammend langs een vaalblauw zwerk
de engel Gabriël waarschijnlijk
op zoek naar een plaats om neer te dalen
iemand om in te fluisteren. De cineast
Sokoerov, luie visionair:

een jonge, bleke, verstrooid turende lijfwacht
krijgt plotseling zijn Führer in het vizier
die zich gehaast van achter een rotsblok opricht
gepoept heeft waarschijnlijk
nerveus om zich heen kijkend zijn handen
schoonwrijft met sneeuw.

De vrouw die als eerste de engel ontwaarde
joelde als een waanzinnige, verjoeg daardoor
de engel, onbedoeld. De vrouw versteende.
Ze versteende.
Maar niet voor straf.

De verbijstering op het bleke gezicht van de jongen
terwijl zijn Führer zich naar de rest van het gezelschap haast
dat uitgebreid aan het picknicken is verderop, tegen een achtergrond
van besneeuwde bergpieken, nevelslierten, afgronden.

ANECDOTES, REVELATIONS

Flaming across a blue-gray firmament
the archangel Gabriel presumably
searching for a place to descend,
someone to whisper to. The filmmaker
Sokurov, a lazy visionary:

a young, pale, distractedly peering bodyguard
suddenly spots his Führer
popping up behind a boulder
presumably after taking a dump
looking around nervously
rubbing his hands clean with snow.

The woman who first made out the angel
whooped like a mad thing, unintentionally
chasing off the angel. She turned to stone.
The woman turned to stone.
But not as a punishment.

The astonishment on the youth's pale face
as his Führer hurries back to the rest of the company
enjoying an extensive picnic farther along, against a background
of snow-capped peaks, wisps of cloud, chasms.

Qua techniek een niemendalletje: hoge horizon,
de voorgrond een vlakke vlakte, onwerkelijke

verhoudingen – toch weten we niet wat we zien.
Een middenpaneel, vreeswekkende karikaturen?

Karikaturen waarvan? Vrees waarvoor? Dit is
geen helledroom, angst boezemen ze niet in,

deze naamlozen, bevroren in onnozele
toorn, koddig – triest daardoor.

We weten niet wat we zien. Het is onbekend
wat deze voorstelling betekent of betekend heeft.

Wie is de maker? We weten het niet.
Alles wat wij weten: een koning uit de late middeleeuwen

duldde tegen het einde van zijn leven alleen nog
dit tafereel (als het een tafereel is).

Liet het bevestigen tegenover zijn sterfbed.
Als de voorstelling een betekenis heeft gekend,

tijdgebonden, dan is deze weggesleten, ongemerkt.

Een naakte pop, iets openstaande mond.

Wanneer een gebruiksvoorwerp onbruikbaar wordt,
een ondoorgrondelijk ding.

Technically speaking nothing special:
high horizon, a flat plain, unreal

proportions—but still we don't know what we're seeing.
A middle panel, terrifying caricatures?

Caricatures of what? Terror of what? This is
no hellish dream, they do not frighten us,

these nameless ones, frozen in foolish
rage, droll—sad by consequence.

We don't know what we see. No one knows
what it means or was meant to represent.

Who made it? We don't know.
All we know is that at the end of his life

a late medieval king would not countenance
anything but this tableau (if it is a tableau),

across from his deathbed.
If this representation ever had a meaning,

in its day, it wore away unnoticed.

A naked doll, mouth slightly open.

When an object becomes unusable,
an unfathomable thing.

Beweging zonder bestemming.

Niet ver van ons hotelletje, een oude liefde en ik,
zoekend door omliggend bos,

zonder te weten waarnaar, de heuvelrug op,
ontdekten we een ruïne. Er was geen uitleg op aangebracht,

onze reisgids zweeg over deze desolate
plaats van steen. Doelloos, louter steen.

Resten van een verlaten vesting? Herinnering,
'ingang tot de ziel', kaatst af op het glanzende oppervlak.

De kiekjes die wij maakten die dag, ik houd ze vast en kijk ernaar:
leegte doortrekt onze brede lach.

Deze foto's, stoffelijk overschot van een voorbije liefde.
Resten van een vesting. Massief, ongrijpbaar.

Wat wordt omhuld? Niets.
Leegte. Dichtheid.

Binnen een beweging zonder bestemming.

Dat de koning zijn blik geen seconde
afwendt van het schilderij, terwijl dood

vanuit zijn voeten door zijn lichaam
trekt, is alles wat wij weten.

Movement without a destination.

Not far from our hotel, an old love and I,
searching through the surrounding woods

without knowing what for, climbing the ridge,
discovered a ruin. No explanatory sign,

our guidebook, too, silent about this desolate
place of stone. Aimless, only stone.

Remnants of an abandoned fortress? Memory,
the "entrance to the soul," reflects off the gleaming surface.

I hold the snaps we took that day and look at them:
emptiness permeates our broad smiles.

These photos, the remains of a past love.
Remnants of a fortress. Massive, intangible.

What is revealed? Nothing.
Emptiness. Density.

Within a movement without a destination.

All we know is that the king didn't take his eyes
off the painting for a second,

while death spread from his feet
up through his body.

Afstudeerproject

Ze heeft eigenlijk geen zin vannacht,
mijn joodse verloofde
wendt zich van mij af
abrupt, knipt het licht aan.

In de lichtvlek rond het matras
tussen onze afgetrapte kleren
slingeren verhalen van Primo Levi
Schwarz' *Imagining the Holocaust*
en *Spreektralie* van Celan.

Natuurlijk, niet altijd hebben beiden zin.
Bovendien, de as van onze liefde
is onze liefde voor het conceptuele,
voor God de Klokkenmaker spelen.

– De aap komt uit de mouw:
het gaat niet goed met
het afstudeerproject,
mijn verloofde zit vast.

Ik breng haar tot bedaren,
vertel haar van een gedicht dat ik geschreven heb,
'Openbaringen, anekdoten' en dat ze misschien
het onzegbare met het banale – het onverenigbare –

GRADUATION PROJECT

She's not really in the mood tonight,
my Jewish fiancée,
abruptly turning her back,
flicking on the light.

In the bright patch around the mattress,
half-buried under the clothes we kicked off:
Primo Levi's short stories,
Schwarz's *Imagining the Holocaust*,
Celan's poems.

Of course, you can't both be in the mood all the time.
And what's more, the focus of our love
has always been our love of the conceptual,
of playing God the Clockmaker.

—The truth comes out:
it's not going well
with her graduation project,
my fiancée is stuck.

I calm her down,
telling her about a poem I've written,
"Revelations, Anecdotes," and that maybe by combining
the unsayable with the banal—the irreconcilable—

in een vlaag raap ik *Spreektralie* op,
zoek 'Dodenfuga' en mijn ogen haken
zich aan de slotregels vast
je goudblonde haar Margarete

je asgrauwe haar Sulamith
Goudblond, asgrauw, goudblonde,
asgrauwe pruiken, waarom
doe je dáár niet iets mee? Ze zwijgt. Peinst. En in dit zwijgen

neig ik mijn mond naar de hare maar
ze schiet weg, alsof ze zich iets herinnert,
een inval, weg is ze naar haar ateliertje,
zonder een woord.

In het holst van de nacht
komt de aap uit de mouw.
Ik knip het licht uit, gekrenkt, op mijn ziel getrapt.
Naar haar vlees kan ik fluiten!

in a flurry I pick up the Celan,
look up "Death Fugue," my eyes
boring into the final lines
your golden hair Margarete

your ashen hair Shulamith
Golden, ashen, golden,
ashen—wigs, why not do something with that?
She's silent. Thoughtful. And in this silence

I bend my mouth toward hers
but off she shoots, as if remembering something,
a bright idea, off to her studio
without a word.

In the dead of night
the truth comes out.
I switch off the light, wounded, cut to the quick.
I can kiss her body goodbye!

Shakespeare, misselijkmakend of *Omtrent Onze Vader, details*

1
Dat zij Hem geleerd had hoe
van een plant de naam te lezen
in het binnenste van de bloem –
Zijn dierbaarste kinderleugen.

En *haar zwarte fluwelen jurk.*
Meer herinnert Hij zich niet van
Zijn moeder, Onze Vader, meer
rest er niet. Ze stierf toen Hij acht was.

2
De grootste man die ik ooit heb gekend.
Kolos van honderdvijftig kilo.
Zijn bestaan hem een vanzelfsprekendheid,
de gezichtenlezer! kenner van karakters!
Aan zijn engelengeduld voor vrouwenleed
dankte hij het succes van zijn artsenpraktijk.

Onze Vaders vader, zakenman, ziener van
ziekteprocessen, illusieloze zielenknijper,
vreeswekkende goedzak. Van hem erfde Hij
Zijn angst voor bloed.

3
Een ervaring van het verhevene de trip

SHAKESPEARE, NAUSEATING
or REGARDING OUR FATHER, DETAILS

1

Her having taught Him how
to read the name of a plant
on the inside of its blossom—
His most cherished childhood lie.

And *her black velvet gown.*
That is all He remembers of
His mother, Our Father, nothing
else. She died when He was eight.

2

The largest man I ever saw.
A twenty-four-stone colossus.
Never questioning his own existence,
the reader of faces! Judge of character!
The success of his medical practice due in no small part
to his patience with female suffering.

Our Father's father, a man of business, seer
of the course of illness, clear-eyed psychologist,
awe-inspiring softy. From him, He inherited
His horror of blood.

3

He experienced the sublime on a trip

door Wales (dertien was Onze Vader) maar
dieper dan voor uitgestrekte weerbarstige trotse
schoonheid boog Hij voor het kleine misplaatste
een tropische schelp in het holst van Engeland
een zwerfkei het zandloopkevertje dat Hij vond
waar het niet thuishoorde Hij raapte het op

onverstoorbaar bewandelde de zonderling
halfblind Zijn handpalm Hij fluisterde
hoe ben je hier toch terechtgekomen?

4
School, *Shakespeare uitgezonderd*, onverdraaglijk
saai. Een onbeduidende leerling, vriendzaam,
vitaal, aan de jacht verknocht.
Hoe goed herinner ik me nog
hoe ik mijn eerste watersnip doodde!
Onze Vader, trillend over Zijn hele lichaam.

5
Sir James Mackintosh, 1765 – 1832, historicus en filosoof:
Er is iets in die jongeman dat mij interesseert.

6
Zijn schedelbult voor eerbied, meende een
vermaarde Duitse schedelkundige, *voldoende ontwikkeld*
voor wel tien geestelijken! Maar Cambridge,
waar Onze Vader leerde voor plattelandspriester
(na een mislukte studie medicijnen) een fiasco.

to Wales (Our Father was thirteen) but
bowed deeper for the small and misplaced
than before an expanse of proud rugged beauty,
a tropical shell in deepest England
an erratic boulder the beetle He found
where it didn't belong He picked it up

imperturbably the half-blind peculiarity
crept over His palm He whispered
how on earth did you end up here?

4
School, Shakespeare excluded, unbearably
dull. An unremarkable pupil, friendly,
energetic, mad about shooting.
How well I remember
killing my first snipe!
Our Father, His whole body trembling.

5
Sir James Mackintosh, 1765–1832, historian and philosopher:
There is something in that young man that interests me.

6
His skull, according to a renowned
German phrenologist, displayed *a bump of reverence*
developed enough for ten priests! But Cambridge,
where Our Father studied to become a country clergyman
(after failing as a medical student), a fiasco.

7
Geen dichter zal ooit zo verrukt zijn geweest,
bij het zien van zijn eerste gepubliceerde gedicht
als ik was, toen ik in Stephens Illustrations of British Insects
deze magische woorden ontdekte:
'gevangen door C. Darwin'.

8
Mineralen gesnavelde insecten
zeeweekdieren en langzaamaan
boekenfeiten steeds meer feiten
onverwoestbaar zijn drang tot
het verzamelen van feiten,
eindeloze verzamelingen van
feiten legde Onze Vader aan.

9
Henslow, 1796 – 1861, professor
in de plantkunde, hoffelijk, moreel
voortreffelijk, minutieus observator
maar voorspelde zelden, lafaard
in de wetenschap – dankzij het toeval
in zijn gedaante raakte Vader
op de Beagle verzeild.

10
Gevangen door C. Darwin.

Magische woorden.

7

No poet ever felt more delighted
at seeing his first poem published
than I did at seeing, in Stephens' Illustrations of British Insects,
the magic words,
"captured by C. Darwin."

8

Minerals true bugs
mollusks and gradually
facts from books more
and more facts irrepressible
His urge to collect facts.
Our Father built up endless
collections of facts.

9

Henslow, 1796—1861, professor
of botany, courteous, exemplary
morals, a precise observer
but rarely made predictions,
a scientific coward. Coincidence
in his guise led to Father
boarding the Beagle.

10

Captured by C. Darwin.

Magic words.

11
De kapitein, nobele wilde,
krankzinnig en edelmoedig tegelijk,
wantrouwde Onze Vader om de vorm
van Zijn reukorgaan (aartsluie
onbetrouwbaarheid). Dreigde Hem
te dwingen aan wal te blijven.

Pleegde jaren later zelfmoord in
navolging van zijn oom op wie hij leek,
de kapitein, als twee druppels water.

12
Als ik een tocht ging maken tijdens
de reis met de Beagle, en ik kon niet
meer meenemen dan een enkel boekje,
dan koos ik altijd Milton,
Paradise Lost.

13
Door god gebeitelde onveranderlijke
essenties – nonsens! De heren wisten het.
Verdrongen het.

14
Het huwelijk? Een gehuwd man is
slechter af dan een neger maar
vrijgezellenleven heeft grotere
nadelen: eenzaamheid, *vetzucht en*

11

The captain, a noble savage,
deranged and magnanimous at once,
mistrusted Our Father because
of the shape of His nose (lazy
and unreliable). Threatened
to refuse to have Him on his ship.

Years later the captain committed suicide,
emulating the uncle he so resembled,
two peas in a pod.

12

*In my excursions during
the voyage of the Beagle, when
I could take only a single volume,
I always chose Milton,*
Paradise Lost.

13

Immutable essences chiseled out
by god—nonsense! The gentlemen knew it.
Suppressed it.

14

Marriage? A married man
is a *poor slave, worse than a negro,*
but life as a bachelor has greater
disadvantages: loneliness, *fatness*

luiheid. Dus nam Onze Vader de
beleefdheidsbezoekjes – opgelatenheid
voor lief, huwde een dienstbare vrouw.

15
Oudtestamentische nonsensgeschiedenissen,
gods doortrapte wonderwerken,
de vage, zichzelf weersprekende evangeliën,
het ontwerp waar de godsfilosofen de mond
vol van hebben – één
giechelende naakte inboorling
veegt alles van tafel!

Louter
door zijn aanwezigheid.

16
Onze Vaders liefde voor de poëzie,
Milton Byron Shakespeare Shelley –
Zijn liefde voor de poëzie
duurde tot Zijn dertigste.

17
De gesprekken met topfokkers –
openbaringen!

& idleness. So Our Father
accepted the *anxiety & responsibility* and
being *forced to visit relatives,*
and married a dutiful woman.

15
Old Testament nonsense stories,
god's clever miracles,
the vague, contradictory Gospels,
the design the theologizers
are so full of—one
giggling naked native
brushes it all aside!

Simply
by existing.

16
Our Father's love of poetry,
Milton Byron Shakespeare Shelley—
His love of poetry lasted
until He turned thirty.

17
The conversations with skillful breeders—
revelations!

18

Onze Vader, vriend van talrijke mindere
collega's, heren met geweldige geheugens
maar kleingeestig, halve wetenschappers,
wandelend met god. Robert Brown
bijvoorbeeld, 1773 – 1858, facile Princeps
Botanicorum en bibliothecaris, exemplarisch
voor deze soort, maakte *scherpzinnige*
opmerkingen, maar die hielden bijna altijd
verband met onbeduidende zaken.

Uitzonderlijk bang om fouten te maken,
de heer Brown, *merkwaardig jaloers,*
én *gierig op zijn gedroogde planten.*

19

De heren. Ze wisten het.
Verdrongen het.

20

Zijn demon, Zijn wankele gezondheid
(na de diners steeds vaker rillingen,
braakneigingen) bleek een zegen,
behoedde Hem voor vertier.

21

Gebrek aan aanleg voor het abstracte,
wiskunde, metafysica, en naar eigen zeggen
zeker niet vernuftiger dan een geslaagde arts

18
Our Father, friend to many lesser
colleagues, gentlemen with fabulous memories
but small minds, semiscientific,
walking with god. Robert Brown
for instance, 1773—1858, facile Princeps
Botanicorum and librarian, exemplary
of the kind, *poured forth a rich treasure*
of curious observations and acute remarks,
but they almost always related to minute points.

Mr. Brown, *strangely jealous* and *miserly*
about his dried plants, suffered from
an *excessive fear of ever making a mistake.*

19
The gentlemen. They knew it.
Suppressed it.

20
His demon, His fragile health
(shivering after dinners more and more often,
queasiness) was a blessing,
shielding him from diversions.

21
A lack of talent for the abstract, mathematics,
metaphysics, and, by his own estimation,
no more inventive than any successful

of advocaat. Zijn genie: het schijnbaar
onbeduidende op waarde schatten,
het te zien als voor het eerst en met
onbegrensd geduld het in de gaten houden,
beter dan de gemiddelde mens.

22
Feiten onderbrengen in wetten
is doorgronden.

23
Na publicatie van Zijn bestseller
de oorsprong van de mens
in drie jaar achterhaald,
veranderlijk voortbrengsel.

24
Had ik geblunderd, gefaald, werd ik
minachtend bekritiseerd, overdreven
geprezen, troostte ik mij door honderden
keren tegen mezelf te zeggen ik heb zo
hard gewerkt en zo goed als ik kon,
en er is niemand die meer kan doen
dan dit. Zijn gebed.
Affirmaties.

doctor or lawyer. His genius: valuing things
that seem insignificant, seeing
them as if for the first time and observing
them with *unbounded patience*, in this
superior to the common run of men.

22
To classify facts according to laws
is to fathom them.

23
After publishing His bestseller,
He worked out the origin of man
in three years,
mutable productions.

24
When I have blundered, when I
have been contemptuously criticized,
and even overpraised, it has been
my greatest comfort to say hundreds of times
to myself that I have worked as hard
and as well as I could, and no man
can do more than this. His prayer.
Affirmations.

25
Onverwoestbaar zijn drang tot
het verzamelen van feiten,
eindeloze verzamelingen van
feiten legde Onze Vader aan.

26
Vleesetende planten doorgronden,
het mechaniek van vleesetende planten
doorgronden, van duizelingwekkende
kruisbestuivingen, Engelse orchideeën,
Williams glimlach (Zijn eerstgeborene),
teelaarde, aardwormen.

27
Het lijkt of mijn geest een of ander
apparaat is geworden voor het
destilleren van algemene wetten
uit grote verzamelingen feiten.

28
Vraag Onze Vader niet naar *het mysterie van het begin*
waarom er wereld is en niet niets vraag Onze Vader niet
naar het niets het is teelaarde Zijn moeder is in teelaarde
opgegaan Zijn vader de kolossus en ook Hij en ook wij
zullen opgaan in humus laat Hem toch met rust!
Zeur toch niet zo!

25
His indestructible urge to
collect facts. Our Father
built up endless collections
of facts.

26
Fathoming carnivorous plants,
fathoming the mechanism
of carnivorous plants, of dizzying
cross-fertilizations, English orchids,
William's smile (His firstborn),
mold, earthworms.

27
My mind seems to have become
a kind of machine for grinding
general laws out of large
collections of facts.

28
Do not ask Our Father about *the mystery of the beginning*
why there is a world and not nothing and do not ask
about that nothing it is mold His mother dissolved
into mold His father the colossus and He too and
we too will become humus give Him some peace!
Don't nag so!

29
Feilloos Zijn herinnering aan plaatsen
waar Hij een vreemdsoortig kevertje vond.

30
Tegen het einde van Zijn leven:
Ik houd het niet meer vol een
dichtwerk te lezen. Shakespeare,
zo onverdraaglijk saai dat ik er
misselijk van word.

Shakespeare.
Misselijkmakend.

31
Insectenetende planten insecten voerend,
Onze Vader, tegen het einde van zijn leven,
notitieboekje bij de hand, zielstevreden.

29
Impeccable, His memory for places
where He found strange beetles.

30
Toward the end of His life:
I cannot endure to read a line
of poetry: Shakespeare, so
intolerably dull it
nauseated me.

Shakespeare.
Nauseating.

31
Our Father, toward the end of His life,
feeding insectivorous plants,
notebook in hand, deeply content.

Dronken knielt hij neer en neemt
haar penis in zijn mond, de armen
uitgestrekt langs zijn borsten
strelend. Slikt haar zaad door.

Tussen a en niet-a:
identieke kinderen,
talmend als welpen.

Er is een ogenblik waarop de taxichauffeur
aan zijn naam ontkomt een tunnel door
hij rijdt je naar een veld hij brengt je
om – je voelt dat je verlamd zult zijn
als het zover komt.

Weten scholieren niet exact hoe een woord dient gespeld,
houden ze soms de mogelijkheden open door de letters
zo te schrijven dat de a en de e bijvoorbeeld, doorheen elkaar.

Ovidius, achteraf: *Chaos, een primaire ongevormde massa,*
niet anders dan een bonk gewicht, een samenraapsel van
slordige kiemen van niet goed gecombineerde dingen.

Identieke kinderen tussen a en niet-a
gehurkt en op hun knieën als welpen
talmend rond hun prooi verzameld, demonteren
een toetsenbord, wrikken letters los.

Drunk, he goes down on his knees
to take her penis in his mouth,
arms stretched to stroke his breasts.
Swallows her sperm.

Between A and not-A:
identical children,
lingering like cubs.

There is a moment when the taxi driver
gives his name the slip, through a tunnel
driving to a field where he will kill you—
you feel that you will be paralyzed
when it's got that far.

If high-school students don't know how to spell a word,
they sometimes keep their options open by writing the letters
so that the a and e, for instance, merge.

Ovid, in retrospect: *Chaos: a crude, unstructured mass,*
nothing but weight without motion, a general conglomeration
of matter composed of disparate, incompatible elements.

Identical children between A and not-A
squatting and kneeling, lingering like cubs
surrounding prey, disassembling
a keyboard, prying out the letters.

Krksh, krksh krksh, krksh
ooien, ooien komen jullie? Geiten
geiten komen jullie gtsh gtsh, gtsh,
gtsh gtsh, gtsh, gtsh gtsh gtsh, kom je, koe,
haash, haash haash, haash – Noach,
zeshonderd lentes jong en sinds kort
een zenuwinzinking nabij: zijn God
heeft verlatingsangst en vervloekt
de aarde die Hij verdelgen zal, een arkvol
uitverkorenen uitgezonderd.

Een rechtzinnig
man handelt naar wat Hij hem gebiedt en
hoe doorzichtig Zijn neurose ook mag zijn
therapie is uit den boze, dus roept
de rechtvaardige verbaasd opkijkende dieren,
reine en onreine, strijkt het gevogelte des
hemels op Noachs nerveus gefluit neer
op met pek bestreken planken. Ze willen
geen spelbreker zijn, dieren, voegen zich
in heilsgeschiedenissen zodat men ze verder
maar met rust laat. En de andere uitverkoren
figuranten? De mondgesnoerde vrouwen,
welke woorden wisselen ze uit, op welke toon?
De profetenzonen, glimlachen ze ontroerd
bij de aanblik van hun overspannen vader
of hopen ze heimelijk dat zijn hart het begeeft
en daarmee zijn heerschappij? Noach,
on the edge of a nervous breakdown.

SNAPSHOT

Crksh, crksh crksh, crksh,
ewes, ewes, are you coming? Goats,
goats, are you coming? Khtch khtch, khtch,
khtch khtch, khtch, khtch khtch khtch. You coming, cow?
Haaash, haaash haaash, haaash—Noah,
six hundred summers young and lately
at the end of his tether: his God
is suffering separation anxiety and cursing
the earth He will purge, an arkload
of the chosen excepted. A righteous
man does as He tells him and no matter
how transparent His neurosis,
therapy is taboo and so the righteous one
summons the surprised animals,
clean and unclean. The fowls of the air
heed his nervous whistling and settle
on the tarred planks. Animals like to be
obliging, and play along with salvation
myths in the hope people will leave
them otherwise alone. And the rest
of the chosen, the extras? The gagged women,
what words do they exchange, in which tones?
The prophet's sons, do they smile tenderly
at the sight of their overstrung father
or hope in secret that his heart
will fail and with it his rule? Noah,
on the edge of a nervous breakdown.

Niet samen scheiden we licht en donker

★

je vertelt een man mijn vingertoppen zacht
tegen je slapen ik spreid mijn hand uit al is het
nergens voor nodig omvat je schedel een man
voor de dood op de vlucht vergeefs verborg
zich in de maag van een dood paard in de
veronderstelling de dood is hier reeds geweest

★

dit is geen zang ik ben je secretaris
vertaal feiten waak over je belangen
zeg de zin van gezichtloosheid is gelijkheid
een nummer ben je in een systeem als iedereen
niemand mag heilig zijn niemand
daarom hebben we het hier goed

★

er is geen ontkomen
aan de dood zelfs niet
in de maag van een dood paard

★

je hart weer gefilmd je bloed geïnspecteerd
darmen gefotografeerd je pijnen een raadsel
maar we zijn een team samen drijven we artsen
tot wanhoop

APART WE SEPARATE DARKNESS AND LIGHT

★

you're talking a man my fingertips soft
on your temples I spread my fingers though
that's not necessary cradling your skull
a man fleeing death hid in vain
in the stomach of a dead horse
thinking death has already been here

★

this is no song I am your secretary
translating facts watching over your interests
saying the purpose of facelessness is equality
you are a number in a system like everyone else
nobody gets to be holy nobody
that's why we have it so good here

★

there is no escaping
death not even in the stomach
of a dead horse

★

your heart checked again your blood inspected
bowels scanned your pain a conundrum
but we are a team together we drive the doctors
to despair

*

voor honger en vernedering gevlucht
op spierkracht geselecteerd en op gebit
maar voor ouderdom geen talent
gelijk je generatiegenoten en geen
geschiedschrijver die naar jullie geschiedenissen
taalt uitstervend anoniem zootje
analfabete avonturiers

*

flakkert je toorn op schieten je kleinkinderen in de lach

*

gewillige slavenarbeiders stapelden
stenen op hielden ovens brandend
veegden de balzalen schoon

*

en geen ontkomen aan de dood
zelfs niet in de maag van een dood paard

*

heiligen vrouwen dochteren maar snoeren ze de mond
worstelen niet met de god maar knielen uit gewoonte
wedden heimelijk op rijkdom gelijk de koopmannen
tegen wie jullie profeet profeteerde jullie baarden
hordes ontheemde hedonisten vergeef me ik ben maar
je kapper omvat met mijn hand je schedel je asgrijs haar
ik ben je secretaris zeg dit als je secretaris het is niets

★

having fled hunger and humiliation
selected on brawn and by dental inspection
but no talent for old age
like the rest of your generation and no
historian to ask about your histories
an almost extinct pack of anonymous
illiterate adventurers

★

when your wrath flares your grandchildren giggle

★

willing slave laborers stacked
bricks kept furnaces burning
swept ballrooms clean

★

and no escaping death
not even in the stomach of a dead horse

★

declaring women daughters holy but gagging them
not wrestling with the god but kneeling out of habit
betting secretly on wealth like the merchants
your prophet prophesied against you brought forth
hordes of uprooted hedonists forgive me I am just
your barber cradling your skull with my hand your ashen hair
I am your secretary saying this as your secretary it is nothing

★

er zijn mannen
mannen van vuur zij brengen
zonen voort van vuur en er zijn mannen
al wat zij voortbrengen is as
ik heb een zoon voortgebracht van as

en ik schamperde binnensmonds
je god vergat een deugd
het hebben van een hobby

★

je vader de vreeswekkende
toen je kind was stierf hij
en je moeder toen je kind was stierf zij
en je broers
kinderen van een andere moeder
ze haatten je ze zijn niet meer in leven
op een gek na staat de ganse dag in de zon te stoven
een spade over zijn schouder

wat is dat voor god die je niet gebiedt
je wonden onder woorden te brengen

de ander te zien

★

de gulzigheid waarmee jij spaart
die maniakale zuinigheid drie
pantalons een paar schoenen per decennium
wat vrees je bezweer je vertel me zie mij toch

*

there are men
men of fire they beget
sons of fire and there are men
who beget only ash
I begot a son of ash

and I sneered between my teeth
your god forgot a virtue
having a hobby

*

your terrifying father
died when you were a child
and your mother died when you were a child
and your brothers
children of a different mother
hated you they are no longer alive
except for a madman in the burning sun the whole day long
a spade on one shoulder

what kind of god does not command
you to put your wounds into words

to see the other

*

the greed with which you save
that maniacal frugality three pairs of pants
a pair of shoes per decade what are you
scared of what are you exorcising tell me see me

*

ik ben je secretaris vergeef me ik zeg dit als je secretaris
we zijn een team ik knip je haar verzorg je voeten
samen drijven we artsen tot wanhoop je schedel
in mijn hand je asgrijs haar ik zeg dit
als je secretaris het is niets

*

de wijze waarop jij op foto's staat
waarom jank ik als ik je zo zie
ongenaakbaar
verstard

*

en geen ontkomen aan de dood zelfs niet
in de maag van een dood paard maar
wat is dat voor god
die je geen hobby gunt

*

de kilte waarop ze bij mij stuit mijn huidige geliefde
de pit van leegte waaromheen ik praat en praat
wijt ze aan jouw afwezigheid de leegte het is
dat je het weet ik zeg het maar even
zeg dit als je secretaries

*

we zijn een team drijven
artsen tot wanhoop een team
maar in mijn helledromen
wend jij je van me af
je wendt je van mij af

★

I am your secretary forgive me I say this as your secretary
we are a team I cut your hair I cut your toenails
together we drive doctors to despair your skull
in my hand your ashen hair I say this
as your secretary it is nothing

★

the way you look in photos
why do I cry when I see you like that
unapproachable
frozen

★

and no escaping death not even
in the stomach of a dead horse but
what kind of god
would begrudge you a hobby

★

the coldness she comes up against in me my current lover
the kernel of emptiness I talk and talk around
she blames on your absence the emptiness I am
just saying for your information saying
it as your secretary

★

we are a team driving
doctors to despair a team
but in my hellish dreams
you turn away from me
have turned away from me

★

niet samen
scheiden we licht
en donker

niet samen
licht en donker

★

en vergeef me want ik ben onschuldig
en ik vergeef je want je bent onschuldig
ik zeg het maar even het is niets

★

je wendt je van mij af
in mijn helledromen
we zijn een team maar
niet samen scheiden wij
licht en donker
niet samen licht
en donker

★

een man wilde het land der sterfelijken ontvluchten
verborg zich in de maag van een dood paard
dacht de dood is hier reeds geweest deze man
dit fabeltje amuseert je

je zegt ik keer terug want daar is het praktischer sterven
en begraven worden en ook ik ben geen liefhebber van
klaagzangen ik ben je kapper je secretaris verzorger van je voeten

★

apart
we separate darkness
and light

apart
darkness and light

★

and forgive me because I am innocent
and I forgive you because you are innocent
I'm just saying it is nothing

★

you turn away from me
in my hellish dreams
we are a team but
apart we separate
darkness and light
apart darkness
and light

★

a man wanting to flee the land of the mortals
hid in the stomach of a dead horse
thinking death has already been here
both man and fable amuse you

you say you are going back because dying is more practical there
being buried too and I am not fond of lamentations either
I cut your hair I cut your toenails I am your secretary

Soms besluit een vrouw te gaan liggen op bed
en weer op te staan wanneer zij weet wat er scheelt,
onder woorden heeft gebracht wat haar
aan het onthechten is, waar
waar een kloof ontstaat.
Soms staat de vrouw na een minuut op. Blijft ze liggen,
een uur. Soms een halve dag.

Soms komt een reiziger aan in een stad
die hem om een of andere reden verbijstert.
De zeden van haar inwoners, de praal, lichtval,
het ritme voedsel is het de tongval er is iets dat alles
op een bepaalde manier bestemmingloos maakt –
de reiziger besluit de stad te verlaten wanneer hij
de stad begrijpt. Dit kan jaren duren. Soms komt hij
er nooit meer uit.

Soms besluit een kind naar foto's te kijken van zijn moeder
tot het weet wat voor vrouw en waarom.

Een mysticus en zijn god. Een schilder en zijn model.
De schilder vindt een manier om het zwijgend te vertellen
of verzwijgt het. Jaren later treft een
herder het stoffelijk overschot aan van de mysticus.

Sometimes a woman decides to lie down in bed
and get up again when she knows what's wrong,
when she has found the words for what
is detaching her, where
where a chasm has opened.
Sometimes the woman gets up after a minute. Otherwise,
an hour. Sometimes half a day.

Sometimes a traveler arrives in a city
he finds somehow bewildering.
The customs of the inhabitants, the splendor, the light,
the rhythm food is it the accent there is something
that makes everything somehow indeterminate—
the traveler decides to leave the city when
he understands the city. This can take years.
Sometimes he never gets away again.

Sometimes a child decides to look at photos of its mother
until it knows what kind of woman and why.

A mystic with his god. A painter with his model.
The painter finds a way to tell it silently
or keeps it secret. Years later a shepherd
finds what's left of the mystic.

Affirmaties

Ik kan stoppen met roken en ook als het niet lukt
ik hou van mezelf ik ben niet dik niet klein niet rond
ik heb een zachte pik zat liefde in mijn kippenborst

niet langer vrees ik uw toorn vader ik vrees niet
langer uw toorn vader uw toorn is natuurtroebel

het verborgene is het verborgene niet vader
het is de schittering over dieren mensen dingen
dus waarom knielend bidden
wanneer ikzelf het gebed ben?

ik kan stoppen met roken en ook als het niet lukt
ik hou van mezelf ik ben niet dik niet klein niet rond
ik heb een zachte pik zat liefde in mijn kippenborst

nietzsche treurde om wat hij vernielde en werd waanzinnig
darwin werd een machine op zijn oude dag ik heb
een zachte pik zat liefde in mijn kippenborst ik kan
stoppen met roken en ook als het niet lukt
ik hou van mezelf ik ben niet dik niet klein niet rond

vaarwel dwaalleraren van weleer ik kweek een buik
waarop ik morgen tatoeëer een korinthiërs dertien
uitnemendheid der liefde vers vier vijf zes en zeven

ik kan stoppen met roken en ook als het niet lukt
ik hou van mezelf ik ben niet dik niet klein niet rond
ik heb een zachte pik zat liefde in mijn kippenborst

AFFIRMATIONS

I can give up smoking and even if I can't
I love myself I am not fat not small not round
I have a soft dick plenty of love in my pigeon chest

no longer do I fear your wrath Father I do not fear
your wrath any longer Father your wrath is naturally cloudy

what is hidden is not what is hidden Father
it is the dazzle on animals people things
so why kneel to pray
when I myself am the prayer?

I can give up smoking and even if I can't
I love myself I am not fat not small not round
I have a soft dick plenty of love in my pigeon chest

Nietzsche mourned what he destroyed and lost his mind
Darwin became a machine in his old age I have
a soft dick plenty of love in my pigeon chest I can
give up smoking and even if I can't
I love myself I am not fat not small not round

goodbye false teachers of the past I will grow a belly
on which tomorrow I will tattoo first Corinthians thirteen
excellence of love verses four five six and seven

I can give up smoking and even if I can't
I love myself I am not fat not small not round
I have a soft dick plenty of love in my pigeon chest

uit de wereld kan ik niet vallen altijd raapt mijn
vreemde moeder mij op

kijk ik in de ogen van mijn joodse verloofde
fladderen er vlinders in en uit mijn mond

ik kan stoppen met roken en ook als het niet lukt
ik hou van mezelf ik ben niet dik niet klein niet rond

ik kan stoppen met roken het is geen fiasco
troosteloos als libische staatstelevisie

het is geen fiasco ik ben een biologisch feit
maar ik kan masturberen
masturberen uit nostalgie en ik teken
zoals ik tekende zeven winters oud

ik kan stoppen met roken en ook als het niet lukt
ik hou van mezelf ik ben niet dik niet klein niet rond

eens zal ik wegrukken ja
het doekje van het hoofd
van mijn vreemde moeder
altijd raapt zij mij op

ik kan stoppen met roken en ook als het niet lukt
ik hou van mezelf ik ben niet dik niet klein niet rond

het is geen fiasco dat ik eindig lichaam ben
vanmiddag zag ik in de tram
een kind
met een romeinsekeizerkop

I cannot fall from the world my strange
mother will always pick me up

when I look in my Jewish fiancée's eyes
butterflies flutter in and out of my mouth

I can give up smoking and even if I can't
I love myself I am not fat not small not round

I can give up smoking it is no fiasco
as cheerless as Libyan state television

it is no fiasco I am a biological fact
but I can masturbate
masturbate from nostalgia and I draw
like I drew seven winters old

I can give up smoking and even if I can't
I love myself I am not fat not small not round

one day I will snatch away yes I will
the scarf from my strange
mother's head
she always picks me up

I can give up smoking and even if I can't
I love myself I am not fat not small not round

it is no fiasco that I am a finite body
this afternoon in the tram I saw
a child
with the face of a Roman emperor

vaarwel dwaalleraren van weleer het is geen fiasco
ik heb een zachte pik zat liefde in mijn kippenborst

zat
liefde

ik kan stoppen met stoppen met roken en ook als het niet lukt
ik hou van mezelf ik ben dik
ik ben klein
ik ben rond

goodbye false teachers of the past it is no fiasco
I have a soft dick plenty of love in my pigeon chest

plenty
of love

I can give up smoking and even if I can't
I love myself I am fat
I am small
I am round

Tempel

Op mijn rug torste ik de doodskist waarin mijn vader lag. Diep voorovergebogen, voetje voor voetje, schreed ik wankelend voort. Het ging steeds moeizamer, de last werd te groot, ik hield het niet meer. Voorzichtig liet ik mij neerzakken op de grond, languit, schoof onder de kist vandaan, lichtte het deksel op en fluisterde zonder aarzeling: Vader, ik kan je niet dragen, het spijt me, kun je misschien een eindje meelopen?

Het duurde even voor hij zijn ogen opende. Zijn gezicht was ongeschoren, zijn haar zat verward. Hij droeg een lange witte onderbroek en een wit hemd. Toen zuchtte hij en schudde zijn hoofd, spottend-medelijdend, zoals altijd. Hij richtte zich op, stapte uit de kist, bewoog zich voort met kalme tred. Ik liep achter hem aan, ook ik zei niets.

De kist bleef achter, midden op het pad.

We kwamen aan bij het graf. Het was al gedolven. Zonder een woord vlijde hij zich neer, ging liggen op zijn zij, draaide zich toen op zijn andere zij.

Hij moet van zijn god met zijn gezicht naar het oosten liggen, dacht ik, richting Mekka. Gelukkig vraagt hij me niet waar het oosten is, want ik weet het niet.

Hij vouwde zijn handen in elkaar, schoof ze als een kussen onder zijn hoofd, zuchtte weer diep en sloot zijn ogen en ik, ik zakte door mijn knieën, en met woeste armbewegingen dichtte ik het graf.

On my back I carried the coffin in which my father lay. Bent low by its weight, I staggered forward step by step. My pace slowed, the burden was too great, it was beyond me. Carefully I lowered myself full-length to the ground, slid out from under the coffin, raised the lid without hesitating and whispered, Father, I can't carry you. I'm sorry. Could you maybe walk a little?

It took him a while to open his eyes. His face was unshaven, his hair tousled. He was wearing long johns and a white undershirt. Then he sighed and shook his head, mocking and pitying at once, like always. He sat up, climbed out of the coffin, and moved on with calm steps. I walked along behind him and I too said nothing.

The coffin remained where it was, in the middle of the path.

We reached the grave, which was already dug. Without a word he settled down, lying on his side, then turning over to lie on the other side.

His god wants him to face east, I thought, toward Mecca. Fortunately he didn't ask me which way east was, because I didn't know.

He folded his hands together, slid them under his head as a pillow, sighed deeply again, and closed his eyes, and I, I fell to my knees, threw my arms back, and began to fill the grave.

Orchideeën

I

Sommige orchideeën vormen
een min of meer exacte nabootsing
van vrouwtjesvliegen, -wespen of -bijen.

De mannetjes komen erop af,
proberen ermee te paren –
en passant bestuiven ze de bloem.

2   *Twee citaten, uit de eerste en eenentwintigste eeuw*

De natuur
     de navelstreng
heeft ons niet bestemd
     wikkelt zich
onbeduidend te leven

     tweemaal
maar bracht ons in de kosmos
     om zijn nekje
om daar toeschouwers te zijn
     knijpt zijn
en geestdriftige deelnemers
     keeltje toe

plantte in onze zielen
     wurgt hem
verlangen naar al wat groot is

ORCHIDS

1

There are orchids that form
a more or less exact copy
of a female fly, wasp, or bee.

The males zoom in
and try to mate with them—
pollinating the flower in the process.

2   *Two quotes, from the first and twenty-first centuries*

Nature
            the umbilical cord
has appointed us
            wraps itself
to be neither base nor ignoble

            twice
but ushers us into the vast universe
            around his neck
to be spectators of the mighty whole
            pulling against
and keen aspirants for honor
            his tiny throat

implanting in our souls
            strangling him
unconquerable love

terwijl hij
en goddelijk
 geboren wordt.

3

Een ex, sprekend moeder,
vertelde mij van een arts
en zijn kleine verzameling foetussen
waarmee hij begraven wilde worden –
volgens zijn vrouw holde zijn geest
in hoog tempo achteruit.

Het woord werd vruchtbaar,
heet het in een Maorimythe uit Nieuw-Zeeland,
sliep met de schemering
en bracht de nacht voort, de nacht
die eindigt in de dood.

Vijf foetussen. De priester
wilde er niets van weten, de foetussen
waren ongedoopt bovendien, maar
de priester bracht de potten niet terug.

Opvallend hoe in scheppingsverhalen
de god die aan het scheppen slaat
altijd al omringd is door iets anders,
andere goden bijvoorbeeld, chaos,
eischaal, oermaterie,
het grenzeloze. Voor het begint
is het begonnen.

as he
for the elevated and divine
is born.

3

An ex, the spitting image of Mother,
told me about a doctor
and the small collection of fetuses
he wanted to be buried with—
according to his wife, his faculties
were declining rapidly.

The word became fertile,
so goes a Maori legend,
slept with twilight
and gave birth to night, the night
that ends in death.

Five fetuses. The priest
wasn't having it—those fetuses
weren't even baptized—but
he didn't return the jars.

Strange that in creation myths
the god who falls to creating
is invariably surrounded by something else:
other gods for instance, chaos,
eggshell, primeval soup,
the infinite. It's already started
before it starts.

Enkele dagen na de begrafenis zag de vrouw
buiten de hekken van het kerkhof
omgewoelde aarde en concludeerde
dat de priester daar de foetussen
begraven had. Mythe

trippelt achter 'de natuur' aan.
Theologie sloft achter 'de natuur' aan.
Filosofie sjokt achter 'de natuur' aan.
En de wetenschap?

Ik associeer moeder met een boom.
Ik heb terwijl ik naar haar kijk
de gewaarwording soms, het idee
dat zij een boom is. Had ik bij deze ex
ook, zij het in mindere mate.

Several days after the funeral, the wife
saw freshly turned earth outside
the cemetery gate and concluded
that was where the priest had buried
the fetuses. Myth

trips along behind "nature."
Theology shuffles behind "nature."
Philosophy trudges behind "nature."
And science?

I associate Mother with trees.
Sometimes, looking at her,
I get the feeling, the idea
that she's a tree. I had it with this ex
too, though to a lesser degree.

Belijdenis

Toen ik de kroeg verliet hoorde
ik een schilder zeggen astronauten
zijn vaak zonder vader opgegroeid.

Ik herhaal: toen ik de kroeg verliet
hoorde ik een schilder zeggen astronauten
zijn vaak zonder vader opgegroeid.

Geldt ook voor profeten, dacht ik,
Mohammed onder anderen is zonder
vader opgegroeid. Onderweg

naar huis, het was nacht, ik nam de
korte weg door het park, hoorde ik
een eekhoorn zeggen je dood is het

eerste werkelijke dat je zal overkomen.
Ik herhaal: je dood is het eerste werkelijke
dat je zal overkomen. Als dit waar is,

dacht ik, spreekt een eekhoorn soms
de waarheid. Ik herhaal: spreekt een
eekhoorn soms de waarheid.

CONFESSION OF FAITH

On leaving the bar I heard
a painter say that astronauts
often grew up without a father.

I repeat: on leaving the bar
I heard a painter say that astronauts
often grew up without a father.

The same with prophets, I thought.
Mohammed, among others, grew up
without a father. On the way

home, it was nighttime, taking
the shortcut through the park, I heard
a squirrel say your death will be

the first real thing to happen to you.
I repeat: your death will be the first
real thing to happen to you. If that is true,

I thought, then squirrels sometimes speak
the truth. I repeat: then squirrels
sometimes speak the truth.

In no time loop je vanuit het hotel
het strand op voor een frisse duik.

Er is internet, een restaurant met internationale
keuken, er is een fitnessruimte, een sauna,

een spacentrum met massagemogelijkheden.
Kamers hebben airconditioning, tv, telefoon,

een minibar, ligbad, een kingsize bed.
Er worden diverse uitstapjes georganiseerd.

In de nabije omgeving kun je tijdens begrafenissen
kinderen zien, vastgebonden aan palen:

zo wordt voorkomen dat de kinderziel het kind verlaat,
haar intrek neemt in het lijk dat voorbij gedragen wordt.

Er is een strandbar: Club Amour.
Er zijn diverse watersportmogelijkheden.

De luchthaven is op circa twee uur rijden,
er is een prima shuttle-service.

In no time you stroll from the hotel
to the beach for a refreshing dip.

Facilities include internet, a restaurant with
international cuisine, a gym, a sauna,

a health spa—massage by appointment.
Rooms feature air-conditioning, TV, a telephone,

minibar, bathtub and king-size bed.
A variety of excursions are on offer.

During funerals in the immediate vicinity
you can see children tied to posts:

this prevents the child's soul from leaving the child
to take up residence in the body being carried past.

There is a beach bar: Club Amour.
A range of water sports are on offer.

The airport is less than two hours by car.
There is an excellent shuttle service.

Als ik zo vrij mag zijn: lach eens
in dit spiegeltje? Zie je
je oogopslag is oud, je gezicht hangt
neer, je lach is bedorven, je lijkt
je moeder wel. En verder
al dat vet op je heupen
(wij noemen dat zadeltas) en al dat vet
op je dijen (wij noemen dat
rijbroek) en de rimpels in je
bovenlip (je barcode), hoogste tijd
er iets aan te doen, denk je niet?
Er staat zóveel op het spel.
En wij hebben de middelen
om uit je lichaam de dood
te verjagen, onze rimpelvuller
om maar iets te noemen
is een wereldwijd succes. Wij halen
je nare hamsterwangen weg
als je wilt, liften je kaaklijn,
corrigeren je buik, in combinatie met
een Braziliaanse bilversteviging
ziet dat er betoverend uit en
je borsten (slappe theezakjes
noemen wij dat) vinden wij ook wel
wat op. Onze inwendige bh bijvoorbeeld,
een polypropyleen op maat gesneden
kunststof matje virtuoos aangebracht
onder de huid. De afgrond
van vergankelijkheid, om maar iets

WELCOME

If I might be so bold: just
smile into this mirror. See?
Your eyes look old, your face
droops, your smile is jaded. You
look like your mother. Plus
all that fat on your hips (we call
them saddlebags) and all that fat
on your thighs (we call them riding
breeches) and the wrinkles in your
upper lip (your barcode), high time
you did something about it,
don't you think? There is so much
at stake. And we have the means
to banish death from your body.
Our injectable filler, for instance,
is a global success. We can get rid
of those nasty chipmunk cheeks—
just say the word—enhance your jawline,
do a tummy tuck in combination
with a Brazilian butt lift.
Looks gorgeous and we
will come up with something
for your breasts too (tea bags).
Our internal bra, for example,
custom-made polypropylene mesh
skillfully implanted under the skin.
You will be immune to the abyss
of mortality, to the abyss of,
to name one thing, the gaze

te noemen, de afgrond
van andermans blik, garanderen wij,
zul je immuun voor zijn. Je zult
op jezelf kunnen vertrouwen,
representatief de wereld tegemoet
treden, meetellen, nooit meer
fronsen, mannen zullen weer
hijgen vanbinnen als ze je zien.
Want iedereen heeft het recht
een lekker ding te zijn, iedereen
heeft het recht. En geloof me:
geloof je geliefde niet als hij
zegt *je kutje is prima schatje*.
God stierf een halfuur voor Hij
de schepping zou voltooien,
ontgoocheld en opgebrand. Zeg dus maar
dag tegen je haveloze vagina,
wuif je morsige labia maar uit, wij
leveren maatwerk.

of others. We guarantee it.
You will have confidence
in yourself, knowing you are
presentable in the eyes of the world,
that you count, never again frowning,
once more men will pant
on the inside at the sight of you.
Because everyone has the right
to be hot, everyone has that right.
And believe me, don't believe
your boyfriend when he says,
Your pussy's fine, babe. God
died half an hour before
completing creation, burnt-out
and disillusioned. So say toodle-oo
to your sloppy vagina, wave
goodbye to those shabby labia, we
work to order.

Koeiensuite

I

Waar denk je aan, Doortje,
Wanneer je de robot betreedt,
Zijn laserstraal je uier aftast –

Ontsnappen aan de stal
En dit systeem? Door uitgestrekte
Grasvlakten draven, Doortje?

Zwemmend rivieren oversteken?
Onder de sterrenhemelen slapen
En 's winters een mantel dragen

Van sneeuw? In rotssteen misschien,
Doortje 3017, vereeuwigd worden
Met zware, sierlijk voorwaarts

Gerichte hoorns door een
Verwonderde hand uit
Het paleolithicum? Doortje?

COW SUITE

I

What are you thinking, Dora,
As you enter the milking machine,
Its laser scanning your udder—

Escaping the system
And this shed? Trotting over
Vast savannahs, Dora?

Swimming rivers?
Sleeping under stars
And wearing a winter cloak

Of snow? In stone maybe,
Dora 2033, immortalized with
Graceful, thrusting

Horns by an awed
Paleolithic hand?
Dora?

4

Psst, Nigersaurus, ineens van de aardbodem weggevaagde, negen
meter lange koeachtige, in de vorm van een stofzuigermond
je muil met over de volle breedte honderden heel kleine, heel
scherpe tanden, er hangt een nieuw wereldeinde in de lucht
als je 't mij vraagt, de tekenen liegen er niet om: neem Regina,
vijftien jaar, boerendochter uit het Duitse plaatsje Laufen die
(omdat ze er van haar ouders geen kreeg) besloot zelf een paard
te maken, door training, uit een pasgeboren kalf – stap voor stap
heeft ze 't leren springen. Als je op kon kijken, kwetsbare (de
zwakke botten in je nek verraden daartoe was je niet in staat), als
je op kon kijken aan de grond genagelde, zou je het numineuze
tafereeltje met ons kunnen aanschouwen: een mollig blond
meisje met hoge zwarte laarzen aan, in een geruite rijbroek
gekleed, dressuurzweep in de hand, futuristische fietshelm op het
hoofd, in de lente van tweeduizend elf, in een weiland, op de
roodbonte rug van Luna gezeten, springend over hindernissen
gemaakt van kratten bier en boomstammen, als een eigentijdse
ruiter Dood op zijn vaalgele paard uit de Openbaring van
Johannes, een mysterieus soort naar binnen buitelend glimlachje
van eenzelvigheid op haar blakende gezicht. Het zou mij niks
verbazen als een dezer dagen een kosmische trompetstoot
weerklinkt en het sterren regenen zal op aarde, Nigersaurus,
raadselachtige koeachtige, ruim honderd miljoen jaar geleden
varens grazend in de wouden van wat nu Nigeria heet, te
midden van krokodillen groot als rondvaartboten, niks zou het
me verbazen.

4

Psst, Nigersaurus, suddenly wiped off the face of the earth,
cow-like, thirty feet long, vacuum-nozzle mouth with hundreds
of tiny, very sharp teeth filling its entire width, if you ask me
a new end of the world is in the air, the signs are plain to
see: take Regina, fifteen, farmer's daughter from the town of
Laufen in Germany, who (as her parents wouldn't give her
one) decided to make her own horse out of a newborn calf
by training it—step by step she taught it how to jump. If you
could look up, vulnerable one (your fragile vertebrae show you
were incapable of it), if you could look up from the ground you
are tethered to, you could join us in observing the numinous
scene: a plump blonde girl in black riding boots and checked
jodhpurs, training stick in her hand, futuristic bike helmet on
her head, in the spring of twenty eleven, in a field, sitting on
Luna's skewbald back, jumping over obstacles made of stumps
and beer crates like a latter-day Death on the pale horse from
Revelation, a mysterious self-contained inward-tumbling smile on
her glowing face. It wouldn't surprise me a bit if one day soon
a cosmic clarion call were to sound and send the stars raining
down on the planet, Nigersaurus, enigmatic bovine, grazing
ferns in the forests of what is now Nigeria more than a hundred
million years ago, surrounded by crocodiles as big as tour boats.
It wouldn't surprise me one little bit.

6

Kersenvlekken een halve dag
Weken in melk. Lakschoenen
Met melk opwrijven af en toe.

Vergulde schilderijlijsten
Schoonmaken met een in
Melk gedrenkte spons. Bladeren

Van groene kamerplanten glanzen weer
Als u ze afneemt met water en melk.
Maar mors niks! Elfen drinken het graag,

Sarren iedereen in huizen waar ze
Gemorste melk aantreffen. Ja,
Steekt een koe haar start

In de lucht komt er regen.
Loeit een koe u driemaal
In het gezicht – een teken

Des doods. Knikkers in het pannetje!
Spelen de knikkers krijgertje
Weet u de melk kookt.

OLD WORLD

6

Cherry stains, soak half a day
In milk. Patent-leather shoes,
Rub with milk now and then.

Gilded picture frames,
Clean with a milk-soaked
Sponge. The leaves

Of potted plants regain their shine
If wiped with milky water.
But don't spill any! Elves like to drink it,

Tormenting people in houses where
They find spilt milk. Yes,
If a cow sticks her tail up

In the air, it will rain.
If a cow moos three times
In your face—an omen

Of death. Marbles in the saucepan!
When the marbles play tag
You know the milk is boiling.

Lente

7

O plompe jongedame met quasi-
dromerige ogen en pronte uier,
toen u in de ban van de zon zojuist
de vreemdste sprongen maakte,

zo ontroerend door het dolle heen,
vertrapte u per ongeluk een
tureluurtje – snavel aan gruzelementen,
ingewanden op verenkleed,

het vogeltje heeft 't niet overleefd.
Maar 't u wel, in een split second,
vergeven, het is dat u 't weet.
Zoals u mij vergeeft, dame,

dat ik op u neerstrijk nu
om een klein kwartiertje van
uw bloed te drinken. Of zoals ikzelf vergeef
de schuw flirtende boerendochter

die net naar me uithaalde ineens
terwijl ik aan het zonnen was, half
meeluisterend vanaf mijn lievelingspaal
naar de hakkelende boerenzoon

die haar probeerde te vragen samen
langs het water een wandeling te maken
maar steeds onherroepelijker in zijn
schaamte steken bleef.

7

Oh plump young lady with quasi-
dreamy eyes and a pert udder,
when you, enthralled by the sun,
just capered so comically,

so movingly beside yourself,
you accidentally squashed a
redshank—beak shattered,
guts on its plumage.

The bird didn't survive,
but it did, in a split second,
forgive you—just so you know.
As you too forgive me, my lady,

for settling on you now
to drink of your blood
for ten or so minutes. Or as I too forgive
the shyly flirting farm girl

who just took a swing at me
while I was sunbathing
on my favorite post, half
listening to the tongue-tied farm boy

trying to ask her to join him
for a walk around the lake
but trapped more and more irretrievably
in his embarrassment.

Anekdote

Uit Lenins lichaam, dat zich in een
mausoleum bevindt, groeit een sponsachtige
uitwas, een soort zwam,

lees ik in de krant. In gezelschap van
een klankdichter, traumatoloog
van beroep, bezocht ik tijdens een international

poëziefestival een themapark, omsloten
door een gracht, prikkeldraad en wachttorens;
in de schaduw van pijnbomen herbergt het

een verzameling reusachtige sovjethelden
van brons, koper en ijzer, waaronder tien
Lenins en minstens één Stalin, verzameld

na de implosie van de Sovjet-Unie. Langs
de beelden loopt een kronkelend pad,
uit luidsprekers schetteren propaganda-

liederen. De geestelijke vader van het park,
oud-worstelkampioen, na de perestrojka fortuin gemaakt
met de export van paddenstoelen en inmiddels

meerdere malen uitverkoren tot liberaal
van het jaar, beschouwt het park als postume aanklacht
tegen het sovjetregime, een waarschuwing tegen

ANECDOTE

Lenin's body, which is located
in a mausoleum, sprouts a spongy
growth, I read in the newspaper,

a kind of fungus. In the company
of a nonsense poet, a traumatologist
by trade, I took a break from an international

poetry festival to visit a theme park surrounded
by ditches, barbed wire, and watchtowers.
With pine trees for shade, it is home

to a collection of gigantic bronze, copper,
and iron Soviet heroes, including ten
Lenins and at least one Stalin, brought together

after the implosion of the Soviet Union. A path
winds past the statues; propaganda songs
blare out over the public address

system. The spiritual father of the park,
a former wrestling champion who made a fortune post-
perestroika with the export of mushrooms

and has since been voted liberal of the year several times,
sees the park as a posthumous indictment
of the Soviet regime, a warning against

totalitarisme, een geschenk aan toekomstige generaties.
Verkleed als soldaat van het Rode Leger wees
de gids ons op een zes meter hoog beeld van Lenin,

met opgeheven arm, waaraan de duim
ontbrak; daar had een vogel een nest gebouwd.
Het idee voor het park ontstond tijdens een bezoek

aan een fabriek, op de uitgestrekte vloer zag de liberaal
van het jaar het afgebroken hoofd van Stalin liggen
en het *betoverde* hem (zei hij in een interview).

Terwijl ik in het souvenirwinkeltje een Leninmok
afrekende, vertelde de klankdichter
een anekdote over een beeldhouwer die

een beeld van Lenin had gemaakt met hoed op
en hoed in de hand, een beeld waarvoor hij
met zijn leven heeft betaald.

totalitarianism, a gift to future generations.
Dressed as a Red Army soldier, the guide drew
our attention to a twenty-foot statue of Lenin,

arm raised, but missing a thumb.
Some birds had built a nest on it.
The idea behind the park arose during a visit

to a factory, on whose vast floor the liberal
of the year saw a broken-off head of Stalin
and found it *enthralling* (he said in an interview).

While I was waiting at the counter
of the souvenir shop to pay for a Lenin mug,
the nonsense poet told me an anecdote

about a sculptor who made a statue of Lenin
with a hat on and a hat in one hand, a sculpture
that cost him his life.

Houd mijn hand vast.
Ik mis een pink. Ik ging,

kind was ik, een dag
uit moorden. Een kleine

eeuw geleden. Een zomerdag.
Zonder reden

herinner ik mij. Hommels.
Mussen. En toen

een zwaan. Aan de rand
van de vijver zag ik

de duivel staan. Grienend
sloeg hij mij gade.

Hold my hand. I'm
missing a finger. One day,

I was a child, I went out
murdering. Almost

a century ago. Midsummer.
No reason

I remember. Bumblebees.
Sparrows. And then

a swan. By the edge
of the pond, I saw

the devil. Weeping.
Watching.

Mekka

Mantelbavianen
scharrelen tussen het afval
dat de pelgrims achterlaten
op hun tocht naar de grot
in de top van de berg
waar aan de profeet
de engel verscheen.

Een vrouwtje
steekt haar hand
in een zak chips,
een jong tuurt nerveus
naar een ingedeukt
blikje cola.

Lees op in de naam
van jouw Heer die heeft
geschapen, geschapen
heeft Hij de mens
uit een klonter bloed

maande de engel de profeet;
de vroegste openbaring, het begin,
zou je kunnen zeggen,
van de Koran.

Behendig drinkt
een vrouwtje een flesje
water leeg, een mannetje

MECCA

Baboons rummage
through the garbage
the pilgrims leave behind
while hiking to the cave
on top of the mountain
where the angel appeared
to the prophet.

A female
sticks her hand
in a bag of chips,
a nervous infant peers
at a dented
Coke can.

Read! In the name
of your Lord
who created,
has created man
from a clot of blood,

the angel admonished the prophet;
the earliest revelation, the beginning,
you could say,
of the Koran.

A female skillfully drains
the last bit of water
from a bottle, a male

(haremleider?)
geeuwt dreigend naar
een ander mannetje,
toont hem zijn vlijmscherpe,
dolkachtige hoektanden.

Achter zijn rug

in de verte Mekka
in de diepte van de vallei
krioelend van de pelgrims
rondom het heiligdom,

de met een zwart kleed bedekte
kubus die de bijnaam draagt
Huis van God
en leeg is vanbinnen,

leeg op het schijnsel
van een paar lampen na.

(the harem leader?)
yawns menacingly at
another male,
showing him his razor-sharp
dagger-like canines.
Behind his back,

in the distance, Mecca
in the depths of the valley,
crawling with pilgrims
circling the sanctuary,

the black-cloth-covered
cube that bears the epithet
House of God
and is empty inside,

empty except for the glow
of a few lamps.

Lucas van Leyden, Het laatste oordeel *(1526 – 1527)*

Trapsgewijs vliegen engelen de geredden richting
de Allerhoogste die ik vanuit een ooghoek ontwaar.
Ook de apostelen zijn daarboven, plechtig kakelend
en goedgekleed, en de Heiland die onvermoeibaar
de vonnissen velt. Beneden hen strekt weids
het toneel zich uit, gewijde waan, weeklagen
en jubelen tienduizend maal tienduizenden
zielen waaronder de mijne die uit gewoonte
zaaide en oogstte, loofde en het kwaad meed,
nooit deed aan toverij maar eenmaal moedwillig
zondigde, piste op een crucifix. Ook was ik er
tijdens de mis meestal niet bij met mijn gedachten,
dan mijmerde ik over vader die zich kort voor
mijn geboorte met een klokkentouw verhing.
Brandend bid ik dat ik hem zien zal.

LUCAS VAN LEYDEN, *The Last Judgment* (1526-1527)

Ascending angels fly the saved up to the Most High
who I detect out of the corner of an eye.
The apostles too are up above, well-dressed and solemnly
gabbing away, along with the Savior who tirelessly
passes judgment. Beneath them the scene extends
into the distance, a holy delusion, lamentation,
and jubilation of ten thousand times ten thousand
souls, among them mine, who sowed and reaped
out of habit, praised and avoided evil,
never engaged in sorcery but once deliberately
sinned, pissing on a crucifix. More often than
not, I let my thoughts drift during Mass as well,
daydreaming about my father who hung himself
with a bell rope just before I was born.
My burning prayer is now to see him.

Soms ontsnapt ons

I
Een koe loopt de pastoor van zijn Gazelle.
Ramt een politieauto. En nog een.
Moet de snelweg worden afgesloten?

De snelweg moet worden afgesloten.
Een dag voor de slacht vlucht een koe
de omliggende bossen in.

Omdat ze een gevaar is voor
recreanten mag ze dood. Waarom
krijgt geen sluipschutter haar

in het vizier? Te snel!
Te slim! Sensationeel! Het nieuws
verspreidt zich, het volk wil

dat ze wordt gespaard. Dierenactivisten
vissen naar haar met haar kalf als
lokaas vergeefs. Een krant looft een beloning uit:

tienduizend euro voor wie haar vindt.
Wie zullen zegevieren? De jagers
of activisten? Goed of kwaad?

Ondertussen maakt Ernst
zijn opwachting, aantrekkelijke
Ernst met fonkelende neusring.

SOMETIMES A COW

I

A cow knocks the priest off his bicycle.
Rams a police car. And another.
Do we need to close the freeway?

We need to close the freeway.
A day before slaughtering, a cow
flees into the surrounding woods.

As a danger to vacationers,
she's free game. Why can't
any of the snipers draw

a bead on her? Too fast!
Too smart! Sensational! The news
spreads, the nation demands

she be spared. Animal rights
activists use her calf as a lure.
In vain. A newspaper offers a reward:

ten thousand euros for whoever finds her.
Who will triumph? Hunters
or activists? Good or evil?

Meanwhile Ernst appears,
handsome Ernst with his
sparkling nose ring.

2
Een koe steekt de N279 over,
loopt een tuin in, neemt
een duik in het zwembad.

3
In een overhoop gehaalde
woonkamer in Arkansas
staart een koe, rustend op een kleed,

onder een langzaam heen en
weer schommelende, glinsterende kroonluchter,
onverstoorbaar de verbijsterde

vrouw des huizes aan die zojuist
is teruggekeerd van boodschappen
doen in de stad.

4
Een koe loopt sloot in sloot uit,
vlijt zich neer in de vroege ochtend
op de rails tussen Dordrecht en Breda.

5
Soms ontsnapt ons een koe,
we zien haar aarzelen,
draven, Helena,

2
A cow crosses the N279,
walks into a backyard, takes
a dip in the swimming pool.

3
In a suddenly very chaotic
living room in Arkansas,
under a glittering chandelier

that is slowly swinging to and
fro, a cow stands quietly on a rug,
staring imperturbably

at the astonished lady of the house,
who has just come back
from running some errands.

4
A cow leaps ditch after ditch
in the early morning before settling down
on the tracks between Dordrecht and Breda.

5
Sometimes a cow gets away,
we see her hesitate, Helena,
trot across a parking lot,

over een parkeerterrein
en dwars door de camping,
de velden, langs de snelweg

die moet worden afgezet.
Drie uur duurt de achtervolging.
Wanneer we haar gevangen

hebben geven we haar
een nieuwe naam. *Woeste Helena*
heet ze voortaan.

6
Op een zomeravond
raakt in een woonwijk een koe
verzeild. Trekt veel bekijks

wanneer ze door een agent
wordt doodgeschoten, doodbloedt
in het voortuintje van een rijtjeshuis.

7
Soms ontsnapt ons
een koe maakt bij ons los
ontzag, deernis

en lacherigheid.
(Afgronddiepe
lacherigheid.)

and straight through
a campground, over fields,
along the freeway,

which has to be closed.
The pursuit takes three hours.
After we've caught her

we give her a new name.
She is now called
Reckless Helena.

6
On a summer evening a cow
ends up in a residential area.
Attracting a lot of attention

when she is shot dead by
an officer, bleeding to death
in the front yard of a row house.

7
Sometimes a cow gets
away from us, evoking
in us awe, pity,

and mirth.
(Abyssal
mirth.)

Klerken

De Rooms-Katholieke Kerk is van plan
het voorgeborchte af te schaffen,
lees ik in de krant.

De afdeling van het voorgeborchte
waar de zielen van ongedoopte
doodgeborenen en zuigelingen vertoeven.

Hier verderop werd een stoffelijk overschot aangetroffen,
brengt een neerstrijkende kraai mij in herinnering;
onderlichaam inclusief tatoeages behoorlijk intact,

het bovenlichaam onherkenbaar,
hoofd en borst diepzwart en bezaaid
met maden (high van de cocaïne).

Van alle vogels heb ik bij kraaien het gevoel
dat in een vogel een ander wezen, een mens
waarschijnlijk, gevangenzit, het sterkst.

Elders in het voorgeborchte vertoeven
goede maar ongedoopte lieden als Mozes
en Plato, Homerus en Abraham.

Niet in de zin van de reïncarnatieleer
geloof ik dat in een vogel een ander wezen,
een mens waarschijnlijk, gevangenzit;

CLERKS

The Roman Catholic Church intends
to do away with limbo,
I read in the newspaper.

The section of limbo
that accommodates the souls
of stillborn babies and unbaptized infants.

An alighting crow reminds
me of the remains found up the street:
lower body, tattoos included, fairly intact;

upper body unidentifiable,
head and chest deep black and riddled
with maggots (high on cocaine).

Of all birds it's mainly crows
that make me feel there is another creature,
most probably a human, trapped inside a bird.

Another part of limbo accommodates
virtuous but unbaptized fellows like Moses
and Plato, Homer and Abraham.

It is not in the sense of reincarnation
that I believe that another creature,
most probably a human, is trapped inside a bird;

het is geen theorietje van mij, meer
een gewaarwording waartegenover
ik weerloos ben.

Om met name in Afrika, waar de kindersterfte hoog is,
het concurrentievoordeel van de islam teniet te doen
(volgens de islam gaan gestorven kinderen rechtstreeks
   naar de hemel)

wil de Kerk het voorgeborchte afschaffen. Ik werp
de kraai een druif toe, andere kraaien
naderen en in een mum van tijd word ik

omringd door druiven verorberende kraaien.
Druiven verorberende in kraaien gevangen mensen.
Klerken uit de jaren dertig van de vorige eeuw.

it's not some pet theory of mine,
but a feeling in the face of which
I am defenseless.

The Church wants to abolish limbo to negate
the competitive advantage of Islam, particularly in Africa,
where infant mortality is high

(according to Islam dead children go straight to heaven).
I toss the crow a grape, other crows descend,
and in no time I am surrounded

by crows scoffing grapes. By people
trapped in crows scoffing grapes.
Clerks of the early- to mid-twentieth century.

Orakel van een gevonden schoen

Maak afwezig de hysterische metropool,
stadsmens spoel je onderbuik
met bronwater schoon, wees toegeeflijk weet
betekenisloosheid heb ik nodig.

Stop met bemeesteren bepotel
het inwendige orgel, pers uit je brein
een gezicht tevoorschijn dat je nooit hebt gezien,
je bent een dromende foetus gebleven.

Ga liggen in het gras,
sta op, hak uit een rotswand kinderhand
of kathedraal.

Antwoord de paarden als ze vragen
zul je *werkelijk* je geliefde verliezen
als je jezelf hervindt?

Stadsmens ga liggen in het gras,
vind stil de god die zich in je verborgen houdt,
vang en ontkleed hem tot op zijn lege kern,
keer naar huis terug, richt een
maaltijd aan voor niemand in het bijzonder.

Of blijf kalm, blijf liggen,
wacht zonder te verwachten
totdat vergaat jouw naam
en de herinnering eraan.

ORACLE OF A FOUND SHOE

Distract the hysterical metropolis,
urbanite, rinse your gut
with spring water, be lenient know
meaninglessness is what I need.

Arrest your mastering, play
the internal harmonium press a face
you have never seen out of your brain,
you are still a dreaming fetus.

Lie down in the grass,
stand up, hack a cathedral
or an infant's hand out of a cliff.

Answer the horses when they ask
will you *really* lose your lover
if you rediscover yourself?

Urbanite, lie down in the grass,
quietly find the god concealed within you,
grasp him and strip him to his empty core,
then go back home, lay on a
meal for no one in particular.

Or stay calm, don't move,
wait without expectation
until your name has faded away
with all memory of it.

Vrijen in een zomereik,
een paar maal een paar seconden,
wegwervelen alweer terwijl zij zich uitschudt,
haar veren schikt.

Stammen bewandelen, omhoog,
omlaag, ondersteboven
aan twijgjes hangen,
in knoppen pikken,

op takken hippen. Rondscharrelen
in kruinen, onder struiken,
in een modderpoel.
Metselt mijn lief?

Ik breng haar donkere aarde.
Broedt zij? Ik voer haar
de tussen de bladeren
weggepikte rupsen.

O nimmer ten prooi aan aporieën,
fobieën, slopende almachts-
en onmachtsfantasieën, bedwelmende,
verslavende, verstikkende

eenzaamheid, het ontembare
dat mijn kaakbot wegvreet,
escapisme. Maar merels bevechten!
Een mees uitschelden!

Making love in a budding oak,
a couple of times a couple of seconds,
flurrying off while she shakes herself,
arranges her feathers.

Walking on trunks, going up,
going down, hanging off twigs
upside down,
pecking buds,

hopping along branches. Scratching
around treetops, under bushes,
in a muddy puddle.
Is my darling building?

I bring her dark earth.
Is she brooding? I feed her
caterpillars picked out
from between the leaves.

Oh, never falling prey to aporias,
phobias, crippling fantasies of
omnipotence and impotence,
intoxicating suffocating addictive

solitude, the susceptibility
that eats away at my jaw,
escapism. But battling blackbirds!
Cursing a sparrow!

Regen drinken, zingen
met een bek vol mieren,
een bek vol mieren. O
niet minder duister

en lichtend dan die van jou,
holenbroeder, is de bron
waaraan ik ben ontsprongen!
Wat is dat voor hartverscheurend

zacht kabaal? In de nestkast
leren mijn jongen vliegen.
O een gezinsleven van
een week of zes dan hup

de kinderen verbannen.
(En vreemd gedrag vertonen soms,
uit het niets mijn uitwerpselen
uitsmeren over een dode tak.)

Drinking rain, singing
with a beak full of ants,
a beak full of ants. Oh,
no darker or less

illuminating than yours,
hole-nester, is the spring
that gave rise to me!
What is that heartrending

quiet hubbub? In the nesting box
my young are learning to fly.
Oh, some six weeks of family life
and then *hup*

banish those kids. (And display
some strange behavior sometimes,
suddenly smearing my droppings out
over a dead branch.)

Tempel

Keer deze tempel de rug niet toe
hier strijken talrijke goden neer
van ademende waarheden is deze tempel vergeven
hier bespreekt het brein het brein
bezingt wonder wonder en tegenwonder
hier wordt de beul bestudeerd en de bij
er staan heelallen op de planken
droefenis stelpende alfabetten
de letters der ketters vliegen klapwiekend op
de rede beent over het water
hier kwijnt de kwelgeest weg
autocraat wordt onttroond kind gekroond
(schedels in de regen schedels in de zon)
hier wordt betekend benevens beneveld
kan men hier sterven leren en leven?
hier stokt het hanige heilige woord
het eindvonnis wordt versnipperd hier
keer deze tempel de rug niet toe

TEMPLE

Do not turn your back on this temple
a multitude of gods have settled here
this temple is rife with living truth
here the brain discusses the brain
wonder sings of wonders and counterwonders
brutes and bumblebees are studied here
there are universes on the shelves
sorrow-stanching alphabets
heretical letters take wing
reason runs on the water
tormentors waste away
autocrats are brought down children crowned
(skulls in the rain skulls in the sun)
here there is meaning amid mystification
can one learn to die here and live?
here the swollen holy word halts
the final verdict is shredded
do not turn your back on this temple

Pers een planeet van pak 'm beet
tien triljard ton samen

in je mond, bijvoorbeeld,
en je hebt een zwart gat.

Zal niet iedereen voor mij op
de vlucht slaan dan? Iedereen

behalve de idioot die er een gewoonte van heeft gemaakt
zacht maar aanhoudend gillend

voor de rouwstoet uit te lopen
terwijl mist van de berg af rolt.

Beginselen

We strijden door tot we het gras horen groeien.
De wolken zich neuriënd verplaatsen. Aan de wilgen
wordt ons wapentuig gehangen. Waakhonden
worden met slingers versierd. Onze ogen ontgift.
Onze tempels alleen nog door vogels gebouwd.
Inleiding in de Liefde wordt een verplicht vak
op middelbare scholen. Met iedere groet maken we
nieuwe hersencellen aan, met ieder vriendelijk woord.
Niets bedroeft de burger meer dan een bedroefde
buurman of -vrouw. In elk bestuurslichaam
domineren moederfiguren. De tv slikt antipsychotica.
En de god van Spinoza keert terug,
eindelijk, om de andere goden tot bedaren te brengen;
doodkalm eten ze een patatje in de Voetboogstraat.
Burenruzies lopen op bruiloften uit of levenslange
vriendschappen. Noodweer wacht tot iedereen
binnen is. Een troep engelen staat de straatcoaches bij.
Als de dag de nacht vraagt nog even te wachten
luistert de nacht soms. We leven weer mee met de doden
en de doden met ons. Imams, rabbijnen, dominees,
politici en professoren, ze lopen in een jaarlijkse
optocht in apenkostuum zwijgend door de stad.
De partij van de vogelaars stijgt opnieuw in de peilingen!
Ook de partij van de laatste postzegelverzamelaars
doet het goed. Het Kwaad, vertellen we elkaar,
is teruggelokt de onderwereld in die vervolgens
volgestort is met beton. En het Goede,
het Goede is ons steeds te snel af. In onze groene
en blauwe, bruine en grijze ogen fonkelt non-stop

THE BASICS

We keep on fighting until we hear the grass growing.
Clouds hum through the sky. We hang our weapons
up and drape streamers over the guard dogs. Our eyes
have been detoxified. Only birds build our temples.
Introductory Love is made a compulsory subject
at every high school. With each greeting
we grow new brain cells, with every friendly word.
Nothing saddens a citizen more than a sad
neighbor. Mother figures dominate all
administrative bodies. The TV is on antipsychotics.
And the god of Spinoza returns, finally,
to quiet down the other gods; perfectly calm
they eat fries in the street where the flowers lie.
Quarrels between neighbors culminate in
weddings or lifelong friendships. Storms
wait until everyone's inside. A troop of angels
assists the outreach workers. When the day
asks the night to wait a while, the night sometimes listens.
We go back to living with the dead in our hearts,
and the dead feel for us. Imams, rabbis, preachers,
politicians, and professors dress up in monkey suits
and walk silently through the city in an annual parade.
The bird-watchers' party is up again in the polls!
The party of the last remaining philatelists
is also doing well. Evil, we tell each other, was lured
back into the underworld, which was then poured
full of concrete. And Good, Good always beats us to it.
Twinkling nonstop in our green and blue,
our brown and gray eyes is the immortal soul.

de onsterfelijke ziel. Pakken melk en potten honing
worden uitgedeeld op straat. Boeddha likt
zijn iPhone schoon. Volksmenners kweken
rozen in parken. De beurs wordt overgenomen
door muzikanten. De god van Abraham lacht het hardst
om de grappen die over hem worden gemaakt. Valse
profeten rukken hun opgeplakte baarden af,
vallen jankend travestieten in de armen.

Cartons of milk and jars of honey are available
free on street corners. Buddha licks his iPhone clean.
Demagogues grow roses in the parks. The stock exchange
has been taken over by musicians. The god
of Abraham laughs the loudest at the jokes
they make about him. False prophets
rip off their fake beards, burst out crying,
and fall into a transvestite's arms.

Twee halve gezichten heb ik.
Twee halve gezichten.

Doe wat je Vader zegt,
zegt de sleutelhanger,
en je zult veilig zijn.

En het lege slakkenhuis?
Het schimmelende brood?
Het doosje condooms?

Het muizengif? Het jankende
feestmasker aan de muur?

De blakende sinaasappel
op het dressoir? Het kammetje
van het merk *Unbreakable*?
Haar handschoenen die zij
inderhaast is vergeten?

Twee halve gezichten.

En de achterdocht
in mijn pretoogjes?
Sterk als de impuls
verantwoordelijkheid
te weigeren!

I have two half faces.
Two half faces.

Do what your Father says,
says the key ring,
and you will be safe.

And the empty snail's shell?
The moldy bread?
The box of condoms?

The rat poison? The weeping
party mask on the wall?

The glowing orange
on the sideboard?
The *Unbreakable* brand
comb? The gloves
she forgot in her rush?

Two half faces.

And the mistrust
in my twinkling eyes?
As strong as the impulse
to refuse all
responsibility!

De sleutelhanger zegt:
Doe wat je Vader zegt
en je zult veilig zijn.

Maar het slakkenhuis
zegt de god van de vreugde na
(en de vrijheid):
Vergeet het verschil
en je zult identiteit vinden.

The key ring says:
Do what your Father says
and you will be safe.

But the snail's shell
echoes the god of joy
(and freedom):
Forget the difference
and you will find identity.

Relieken (vier gedichten)

Relics (Four Poems) | 2016

Geduldig geroofd,
discreet verstikt,
kundig opgezet

en opgeprikt
hang je hier, stil
achter glas;

hemelsblauw
en zwart het lange
ranke achterlijf,

de vleugels duizelend
geaderd, de Siamese
tweelingogen puilen

onbeschaamd uit;
door het groene borststuk
is de naald gestoken,

in kleine letters
op het etiket,
alsof je kenbaar bent,

je naam.
Anax imperator,
wat zie ik

Patiently hunted,
discreetly suffocated,
skillfully spread

and mounted,
you hang here silently
behind glass;

sky-blue and black
the long slender
abdomen,

wings stunningly
veined, Siamese
eyes bulging

shamelessly,
the green thorax
pierced by the pin.

In tiny letters
on the label,
as if you are knowable,

your name.
Anax imperator,
what do I see

als ik naar je kijk?
Een keizerlijk sieraad,
soort kruisbeeld,

wezenloos idee,
een fabelachtig lijk?
Het lukt mij niet mij

aan de indruk te onttrekken
dat je iets verzwijgt,
adembenemend,

en wacht.

when I look at you?
An imperial jewel,
a kind of crucifix,

an empty concept,
a fabulous corpse?
I cannot escape

the impression that you
are holding something back,
breathtakingly,

and waiting.

Bont was de ijle schare:
een vrouw met vossenkop
en vlammende staf

dicteerde onfeilbare kennis;
een naakte boreling brabbelde
natuurwetten; een huursoldaat voorspelde,

terwijl hij schoongelikt werd door een lam,
(in vrijwel foutloos Latijn)
de vernietiging van de Turken.

Zestiende-eeuwse engelen.
Ze bezwoeren, becijferden,
benoemden verborgen werelden

in een niet te kraken taal.
Troostten wie kon zien en luisteren,
beloofden rijkdom en roem,

wezen de weg. Want het land werd
verscheurd toen: onheilspellend roerden zich
de sterren en planeten,

op het plein hing een geur
van verbrande protestanten,
in een steeg spijkerden onbekenden

The ethereal host was a motley one:
a woman with a fox's head
and a flaming staff

dictated infallible knowledge;
a naked infant babbled
laws of nature; a mercenary prophesied

the annihilation of the Turks
in almost perfect Latin
while being licked clean by a lamb.

Sixteenth-century angels.
They conjured, numbered,
named hidden worlds

in an indecipherable language.
Comforted those who could see and listen,
promised riches and renown,

pointed out the path. Because the country
was being torn apart: stars and planets
were stirring ominously;

the smell of burnt Protestants
lingered on the square; in an alley
someone had nailed

een kat als priester verkleed
vast aan de deur
van een beul, katholiek;

oorlogen raakten verstrikt
in elkaar als rattenstaarten
in een rattenkoning.

Maar binnenin het kristal
gloeide geurloos en fonkelend
in steeds wisselende gedaanten

de goddelijke waarheid op;
onbegrensd was de bol en spiegelde,
in halfverduisterde kamers, de ziel.

Nu ligt hij hier, in een zijzaaltje
van het museum, een abstract
reliek in een vitrine, een lege vraag;

niet groter dan een sinaasappel
en helder als water
in diepe, droomloze slaap.

a cat dressed as a priest
to the executioner's door,
a Catholic;

wars were entangled
like rats' tails
in a rat king.

But inside the crystal
divine truth glowed,
odorless, sparkling

in constantly shifting apparitions;
the ball was boundless and reflected,
in draped chambers, the soul.

Now it lies here, in a side room
of the museum, an abstract
relic in a showcase, a hollow question,

no larger than an orange
and clear as water
in deep, dreamless sleep.

Ik wilde vluchten
en wilde blijven,

misselijk van verwondering
staarde ik het aan:

marmeren borstbeeld
van een vermoorde tiran,

twee millennia geleden
in zee gesmeten,

onlangs per toeval
opgevist – een stenen

spookbeeld, lijdend aan
een sinistere ziekte:

de linkerhelft van het gezicht
doorboord, met holtes bezaaid

waarin lege zwarte
schelpjes steken,

snippers
duisternis.

Steelse blikken van de suppoost
weerhielden mij ervan

I wanted to flee,
wanted to stay,

sick with amazement
I stared at it:

marble bust
of a murdered tyrant,

hurled into the sea
two millennia ago,

recently fished up
by chance—a stone

specter, suffering from
a sinister disease:

the left side of the face
perforated, sown with holes

containing empty
black shells,

snippets
of darkness.

Stealthy glances from the attendant
restrained me

(overweldigend was de drang)
er een los te wrikken uit

oog, mondhoek,
oor of wang.

(the urge was overwhelming)
from levering one out

from the eye, ear,
cheek, or mouth.

Via onze preparateur kochten we
van een dierentuin een chimpansee,
gestorven door vroeggeboorte.

We maten het kadaver op, maakten
een binnenwerk van purschuim,
ijzerdraad, wol en touw.

De preparateur had grote moeite
het te villen; het voelde, mopperde hij,
alsof je een baby opensnijdt.

Maar niemand schept uit het niets.
Kunst is demonteren en transformeren.
Wij gebruiken alleen de huid.

Het opzetten was een helse klus:
breekbaar als luciferstokjes waren
de vingers van ons aapje.

Als Jezus hebben we het vereeuwigd,
zonder kruis, maar wel in de Bijbelse
pose, de armen gespreid.

De evolutietheorie vermengd
met het katholieke geloof
waarmee we zijn opgevoed;

Through our taxidermist we purchased
a chimpanzee from a zoo,
stillborn, premature.

We measured the cadaver and
made a filling of polyurethane
foam, wire, wool, and string.

The taxidermist had great difficulty
skinning it; it felt, he grumbled,
like cutting open a baby.

But nobody creates out of nothing.
Art is disassembly and transformation.
We only use the skin.

The stuffing was a devil of a job:
our little ape's fingers were
as fragile as matchsticks.

We immortalized it as Jesus:
without a cross, but in the Biblical
pose, arms wide.

The theory of evolution mixed
with the Catholic faith
we were raised in;

in beide zit iets dat aannemelijk is
maar ons niet volledig kan overtuigen –
wie die dubbele laag niet ziet,

noemt het kitsch. Als kind al
gebruikten we speelgoed nooit
waarvoor het was bedoeld.

both contain something plausible
that fails to fully convince us—
those who don't see that duality

call it kitsch. Even when we were kids
we never used toys
as intended.

Nieuwe gedichten

New Poems

De zon blakert de begraafplaats.
In de verte als een krijtstreep
de Middellandse Zee. Gelaten
verschalkt een zwerfkat

een kakkerlak tussen de distels,
vlijt zich neer
op een vervallen peutergraf
als in een gerieflijke mand.

The sun beats down on the cemetery.
A line of chalk on the horizon
is the Mediterranean. Stoically
a stray cat crunches

on a cockroach in the thistles,
then settles down
on a collapsing toddler's grave
as in a comfortable basket.

Je zit vast in een huis.
Als je uit het raam probeert te klimmen
groeien er messen uit het kozijn.
Je draagt een hoofddoek

en je haar valt uit.
Je raakt in paniek.
Iemand zegt dat het tegen de regels is
om een hoofddoek te dragen

en dat daarom je haar uitvalt.
Er is een wake, je weet niet voor wie.
Je hebt een kamer geërfd in het huis
waar je niet uit kunt komen.

You are locked in a house.
When you try to climb out the window
knives grow from the frame.
You are wearing a headscarf

and your hair falls out.
You start to panic.
Someone says it's against the rules
to wear a headscarf.

That's why your hair is falling out.
There is a wake. You don't know who for.
You have inherited a room in the house
you can't get out of.

Eerst de rite
dan de mythe.

Eerst het antwoord
dan de vraag.

Eerst het kind
dan de vader.

Eerst het bloed
dan de staat.

First the rite
then the myth.

First the answer
then the question.

First the child
then the father.

First the blood
then the state.

Ze droomt dat haar broer
zijn zoon zal offeren
door met zijn auto
(een blauwe Citroën DS 23)

over hem heen te rijden.
Ze wil hem tegenhouden
maar komt niet door de menigte heen
die vanachter dranghekken het schouwspel gadeslaat.

Hij ziet haar,
stapt op haar af,
sust fluisterend: Ik heb geen keus. Maar ik zal zo over hem heen rijden
dat hem niets overkomt.

She dreams her brother
is going to sacrifice his son
by running over him
with his car

(a blue Citroën DS 23).
She wants to stop him
but can't get past the spectators
crowding up to the barriers for a better view.

He sees her,
comes up to her,
whispers soothingly: I have no choice. But I'll make sure
                  I run over him so he doesn't get hurt.

Met open ogen
maar zonder te zien
kijkt vanuit een teiltje
de ramskop toe

(macaber en vriendelijk)
hoe zijn lichaam hangt uit te bloeden,
aan de achterpoten opgehangen in de boom,
als een jas van vlees,

een stilleven
waaruit zo nu en dan een druppel bloed lekt
en op de grond tikt
als een verlate, gestolde
seconde.

With open
but unseeing eyes
the ram's head
(macabre and friendly)

watches from a tub
as they bleed his body,
hung from a tree by the hind legs
like a coat of meat,

a still life
the odd drop of blood still leaks from,
ticking on the ground
like a delayed, coagulated
second.

Hier loopt het dood
het spoor terug;
ergens in de aarde hier
tegenover de vergrendelde deur

van een verlaten moskee,
onder dorre struiken,
rondslingerend vuil, rust
grootvaders gebeente.

Je kunt niet zijn zoals hij. Hij belt je vanuit zijn auto, onderweg naar zijn werk, vraagt hoe het met je is, maakt een grap over zijn zwangere vrouw. Hij nodigt je uit om zaterdag te komen eten. Dan kun je zien hoe zij hun huis hebben ingericht. Hij nodigt ook andere familieleden uit. Dan kun je die ook weer zien. Je kunt niet zijn zoals hij. Maar je kunt ingaan op de uitnodiging, je kunt ook een grap maken, en dat is precies wat je doet. En omdat het panische gevoel de controle te verliezen over je leven de laatste tijd steeds meer plaatsmaakt voor een verbazende gelatenheid, gaat het je steeds beter af: een uitnodiging accepteren, lachend doen alsof je lacht. Bovendien versterkt dit gedrag het gevoel dat het leven, zoals dat heet, een geschenk is – en waarom bang zijn de controle te verliezen over iets wat er net zo goed *niet* had kunnen zijn?

You can't be like him. He calls you from his car on his way
to work, asking how you are, joking about his pregnant wife.
He invites you to dinner on Saturday. Then you can see how
they've furnished the house. He's inviting other family members
too. Then you can see them at the same time. You can't be like
him. But you can take him up on the invitation, you can tell a
joke too, and that's exactly what you do. And because lately the
panicked sense of losing control of your life has given way more
and more to a surprising equanimity, you're getting better and
better at it: accepting invitations, laughingly acting like you're
laughing. What's more, this kind of behavior reinforces the
feeling that life is a so-called gift—and why be scared of losing
control of something that might just as well *not* have existed?

NOTES

ONE HALF (RAIN) AND ONE WHOLE (SWEDEN) READYMADE PLUS AN EPILOGUE: "Sweden" is from the *Metro* of December 28, 1999.

SHAKESPEARE, NAUSEATING or REGARDING OUR FATHER, DETAILS: the quotes are from Charles Darwin's autobiography and other writings.

GRADUATION PROJECT: the lines from Celan's "Death Fugue" are in Michael Hamburger's translation.

DRUNK, HE GOES DOWN ON HIS KNEES: the Ovid quote is from David Raeburn's translation.

ORCHIDS: the quote that starts with "Nature" is derived from Longinus's *On the Sublime*, in the classic translation by William Rhys Roberts, and has been modified here to better match the Dutch poem. The quote that starts with "the umbilical cord" (changed here to present tense) is from Adam Haslett's *You Are Not a Stranger Here*.

ACKNOWLEDGMENTS

A number of these translations were previously published, sometimes in slightly different versions, in *BoekieBoekie, Revolver, Poetry Review, Banipal, Ambit, Poetry International Web, Lyrikline, Five Dials, The Enchanting Verses, Relics* (Van Eyck Academy), and *Loch Raven Review*.

MUSTAFA STITOU was born in Tetouan, Morocco, in 1974, and grew up in Lelystad, in the Netherlands. He currently lives in Amsterdam, where he studied philosophy at the UvA. He has published four collections of poetry: Mijn vormen (*My Forms*, 1994), Mijn gedichten (*My Poems*, 1998), Varkensroze ansichten (*Pig-Pink Picture Postcards*, 2003), and Tempel (*Temple*, 2013). He is the recipient of the VSB Poetry Prize, the Jan Campert Prize, the Awater Poetry Prize, and the A. Roland Holst Award.

DAVID COLMER is an Australian writer, editor, and translator, mainly of Dutch-language literature. He translates in a range of genres and has won many prizes, including major Australian and Dutch awards for his body of work, and the IMPAC Dublin Literary Award and the Independent Foreign Fiction Prize (both with novelist Gerbrand Bakker). He lives in Amsterdam.

Thank you all
for your support.
We do this for you,
and could not do
it without you.

DEEP
VELLUM

PARTNERS

pixel ||| texel

EMBREY FAMILY
FOUNDATION

ADDITIONAL DONORS, CONT'D

Mark Haber
Mary Cline
Maynard Thomson
Michael Reklis
Mike Soto
Mokhtar Ramadan
Nikki & Dennis Gibson
Patrick Kukucka
Patrick Kutcher
Rev. Elizabeth & Neil Moseley
Richard Meyer

Scott & Katy Nimmons
Sherry Perry
Sydneyann Binion
Stephen Harding
Stephen Williamson
Susan Carp
Susan Ernst
Theater Jones
Tim Perttula
Tony Thomson

SUBSCRIBERS

Audrey Golosky
Ben Nichols
Brittany Johnson
Caroline West
Chana Porter
Charles Dee Mitchell
Charlie Wilcox
Chris Mullikin
Chris Sweet
Courtney Sheedy
Damon Copeland
Derek Maine
Devin McComas
Francisco Fiallo
Fred Griffin
Hillary Richards

Jody Sims
Joe Milazzo
John Winkelman
Lance Stack
Lesley Conzelman
Martha Gifford
Michael Binkley
Michael Elliott
Michael Lighty
Neal Chuang
Radhika
Ryan Todd
Shelby Vincent
Stephanie Barr
William Pate

AVAILABLE NOW FROM DEEP VELLUM

MICHÈLE AUDIN · *One Hundred Twenty-One Days*
translated by Christiana Hills · FRANCE

BAE SUAH · *Recitation*
translated by Deborah Smith · SOUTH KOREA

EDUARDO BERTI · *The Imagined Land*
translated by Charlotte Coombe · ARGENTINA

CARMEN BOULLOSA · *Texas: The Great Theft* · *Before* · *Heavens on Earth*
translated by Samantha Schnee · Peter Bush · Shelby Vincent · MEXICO

LEILA S. CHUDORI · *Home*
translated by John H. McGlynn · INDONESIA

SARAH CLEAVE, ed. · *Banthology: Stories from Banned Nations* ·
IRAN, IRAQ, LIBYA, SOMALIA, SUDAN, SYRIA & YEMEN

ANANDA DEVI · *Eve Out of Her Ruins*
translated by Jeffrey Zuckerman · MAURITIUS

ALISA GANIEVA · *Bride and Groom* · *The Mountain and the Wall*
translated by Carol Apollonio · RUSSIA

ANNE GARRÉTA · *Sphinx* · *Not One Day*
translated by Emma Ramadan · FRANCE

JÓN GNARR · *The Indian* · *The Pirate* · *The Outlaw*
translated by Lytton Smith · ICELAND

GOETHE · *The Golden Goblet: Selected Poems*
translated by Zsuzsanna Ozsváth and Frederick Turner · GERMANY

NOEMI JAFFE · *What are the Blind Men Dreaming?*
translated by Julia Sanches & Ellen Elias-Bursac · BRAZIL

CLAUDIA SALAZAR JIMÉNEZ · *Blood of the Dawn*
translated by Elizabeth Bryer · PERU

JUNG YOUNG MOON · *Seven Samurai Swept Away in a River* · *Vaseline Buddha*
translated by Yewon Jung · SOUTH KOREA

KIM YIDEUM · *Blood Sisters*
translated by Ji yoon Lee · SOUTH KOREA

JOSEFINE KLOUGART · *Of Darkness*
translated by Martin Aitken · DENMARK

YANICK LAHENS · *Moonbath*
translated by Emily Gogolak · HAITI

FOUAD LAROUI · *The Curious Case of Dassoukine's Trousers*
translated by Emma Ramadan · MOROCCO

FORTHCOMING FROM DEEP VELLUM

AMANG · *Raised by Wolves*
translated by Steve Bradbury · TAIWAN

MARIO BELLATIN · *Mrs. Murakami's Garden*
translated by Heather Cleary · MEXICO

MAGDA CARNECI · *FEM*
translated by Sean Cotter · ROMANIA

MIRCEA CĂRTĂRESCU · *Solenoid*
translated by Sean Cotter · ROMANIA

MATHILDE CLARK · *Lone Star*
translated by Martin Aitken · DENMARK

LOGEN CURE · *Welcome to Midland: Poems* · USA

PETER DIMOCK · *Daybook from Sheep Meadow* · USA

CLAUDIA ULLOA DONOSO · *Little Bird*, translated by Lily Meyer · PERU / NORWAY

LEYLÂ ERBIL · *A Strange Woman*
translated by Nermin Menemencioğlu · TURKEY

ROSS FARRAR · *Ross Sings Cheree & the Animated Dark: Poems* · USA

FERNANDA GARCIA LAU · *Out of the Cage*
translated by Will Vanderhyden · ARGENTINA

ANNE GARRÉTA · *In/concrete*
translated by Emma Ramadan · FRANCE

GOETHE · *Faust, Part One*
translated by Zsuzsanna Ozsváth and Frederick Turner · GERMANY

JUNG YOUNG MOON · *Arriving in a Thick Fog*
translated by Mah Eunji and Jeffrey Karvonen · SOUTH KOREA

DMITRY LIPSKEROV · *The Tool and the Butterflies*
translated by Reilly Costigan-Humes & Isaac Stackhouse Wheeler · RUSSIA

FISTON MWANZA MUJILA · *The Villain's Dance*, translated by Roland Glasser · *The River in the Belly: Selected Poems*, translated by Bret Maney · DEMOCRATIC REPUBLIC OF CONGO

LUDMILLA PETRUSHEVSKAYA · *Kidnapped: A Crime Story*, translated by Marian Schwartz · *The New Adventures of Helen: Magical Tales*, translated by Jane Bugaeva · RUSSIA

JULIE POOLE · *Bright Specimen: Poems from the Texas Herbarium* · USA

MANON STEFAN ROS · *The Blue Book of Nebo* · WALES

ETHAN RUTHERFORD · *Farthest South & Other Stories* · USA

BOB TRAMMELL · *The Origins of the Avant-Garde in Dallas & Other Stories* · USA